子ども食堂をつくろう!
人がつながる地域の居場所づくり

NPO法人
豊島子どもWAKUWAKU
ネットワーク｜編著

明石書店

はじめに

私の子ども時代の話です――。湯気の立つお味噌汁と、あったかいご飯。それに、煮物や焼き魚というのがウチのご飯の定番でした。ウチの隣には製作所を営む祖母の家があって、母の兄弟や私の従弟は12人家族でした。その隣は叔父が営む鉄工所で、家の前の細い通りには、牛乳屋さん、鉄くずやさんに床屋さん、おせんべい屋さんがありました。10時と3時の一服の時間は、製作所で働く父や工場のおじちゃんからお菓子をもらいました。

家の裏には川が流れ、家の前の道を少し行くと行き止まり、小さな土手の向こうは国鉄の線路でした。土手ではツクシやヨモギでままごとをし、レンゲの冠をつくり、川で魚を取りました。でも、雨あがりにできた水たまりや、冬は道路脇にできた雪山が、何より楽しい遊び場でした。子ども時代の当たり前の暮らしは、私のかけがえのない宝物で、おせっかいな私を育んだ土壌です。

すべての子どもは、生まれておっぱいを飲んで、ねんねして、抱っこやおんぶをしてもらって育ちます。たくさん遊んで、あったかいご飯を食べて、お風呂に入ってぐっすり眠るのが子どもの仕事です。その暮らしがどれほど大切なのか？ 安心して暮らした土壌が後にどのような影響を及ぼすのか？ 地域の住民が始めた子ども食堂は、大人も懐かしさや温かさを感じるみんなの居場所になっています。

2015年、これまでの一連の活動により豊島子どもWAKUWAKUネットワークは、あしたのまち・くらしづくり活動賞で内閣官房長官賞、そして東京都女性活躍推進大賞を受賞しました。「子どもの貧困」というテーマに向き合う活動の成果として、まちづくりや女性の活躍の場づくりで評価され、活動している私たち自身がびっくりしました。

国や市区町村の制度を私たちは変えることはできないけれど、子ども食堂をつくり、まちの人と人がつながり直すことは、地域住民だからできること！ 行政にはできません。行政のできないことを批判する前に、私たちができることをやってみませんか。

そう、この本が「誰かがやってくれるのを待つ社会」から、「自分たちでできることを始める社会」になるためのヒントになってほしいと思います。大人が「なんとかなる」

「大丈夫」と笑顔でいえる居場所づくりは、子どもが安心して暮らし、成長とともに、学び、自立する土壌につながっていきます。

子どもと地域が出会い、多様な価値観の中で子どもが育つ……。その成果はなかなか見えにくく、20年経たないと成果が出ないこともあります。ですから「数値目標？ ビジョン？」そんなむずかしいことを考える前に、「子ども食堂、やってみる？」と思えるWAKUWAKU感を、これからお届けしたいと思います。

NPO法人 豊島子どもWAKUWAKUネットワーク理事長　栗林 知絵子

子ども食堂をつくろう！　もくじ

第2章　子ども食堂のつくり方講座　39

第1章

子ども食堂って何だろう?

いま、子ども食堂が熱い！

天野敬子

テレビ取材をきっかけに

2014年4月、NHKの「あさイチ」で、豊島子どもWAKUWAKUネットワーク（以下、WAKUWAKU）の活動が紹介された。WAKUWAKUを設立するきっかけとなったT君への学習支援のこと、T君のお母さまのコメント、要町あさやけ子ども食堂の様子、子ども食堂を利用することで元気を取り戻したというシングルマザーの親子のコメント、最後には、WAKUWAKUのロゴになっているOSEKKAERU（おせっかえる）が紹介される――。

正直、このテレビ取材のオファーを受けたとき、私は懐疑的だった。30代の頃に映像のプロダクションで仕事をしていたので、撮影がいかなるものであるかを知っている。作り手側の意図と取材される側の思いにズレがあることはよくあることである。ドキュメント映像ならじっくり撮影を積み重ねていくが、テレビとなると時間との勝負でもある。しかし、栗林知絵子さんはこの取材を受けた。そして山田和夫さんも了承した。ディレクターは何度も足を運び、丁寧に段取りを追って準備をすすめていった。撮影の最終日、子ども食堂での撮影のあと、ふらふらになりながら、次のシーンのスーパーの前での撮影のために外に出て行った栗林さんの姿を思い出す。

できあがった映像は良い仕上がりであった。その後、たくさんの取材を受けたが、いまだに私はWAKUWAKUの話をするときに、この映像の一部を使用させていただいている。一番、私が素晴らしいなと思うシーンは、T君のお母さまのコメントである。その頃を振り返り「前も後ろも分からない切羽詰まった状態のときに、栗林さんはあえてそこに立ち入ってくださった。本当にありがたかった……」。あえて立ち入った栗林さん、そのおせっかいは、一歩間違えば、「余計なことをして」と非難されるかもしれない。それでも、いつもひるまずに、立ち入る栗林さんの姿勢に私は拍手を送りたい。そしてそれは、行政の専門家にはできない地域住民だからこそできる〝おせっかい〟ではないかと思っている。

WAKUWAKUに届いた多くの思い

さて、このテレビ取材を受けたことが、このあとの「子ども食堂」の広がりにこれほどの影響を与えるとは思いもしなかった。その日からWAKUWAKUには、見学を希望する旨のメールがどんどん届くことになった。「あさイチ」をきっかけにして、多くのテレビ、新聞、雑誌等から取材の依頼が毎回のようにくるようになった。有名なところでは、「クローズアップ現代」「オイコノミア」（芥川賞受賞前の又吉直樹さんに会えた！）、「NEWS23」の特集などなど。マスコミに取材されると、さらに取材の依頼が増える。栗林さんへの講演依頼も全国からくることになった。

そして、その取材と見学者への対応を、山田さんと栗林さんと私とで手分けをしながらやってきた。見学にきた人たちは、議員さんや行政関係者もいらっしゃったが、一番多いのは「子ども食堂をつくりたい」と言ってやってくる市民だった。NPOで活動している人たちもいたが、多くはこれまでそういった活動には無縁で、「私にも子ども食堂がつくれますか?」という方たちだった。共通するのは、困っている子どものために何かしたいという熱い思いだった。これこそが本物のボランティアであろう。仕事ではなくお金になることもなく、主体的に自発的に取り組もうという姿勢である。

２０１１年、時の政府が、初めて子どもの貧困率を公表した。15・7%。２０１４年の発表では、16・3%に悪化。6人に1人の子どもが貧困状態にあることを多くの人が知ることになった。しかし、子どもの貧困は見えにくい。ひと昔前のように、ぼろぼろの服を着ていれば分かりやすいのだが、昨今はフリマや古着屋さんでかわいい服も安価で手に入る。お金がないのに、高価なゲーム機やスマホを持っていたりする。小さい子であれば「お腹がすいた」と正直に訴えることもあろうが、少し大きくなれば子どもなりのプライドもある。家の中のことは隠すようになる。そんな見えにくい子どもの貧困が、多くのマスコミの取材で広く世間に伝えられることになった。

「要町あさやけ子ども食堂」にお越しになったのは、関東圏の方たちだけではない。北は北海道から南は沖縄まで、自費でわざわざ「ぜひ見学したい」「話を聞きたい」といらっしゃった。そして、その方たちが地域に帰って実際に「子ども食堂」を立ち上げていったのである。
毎回、毎回、同じ話をするのは少々疲れてしまうこともあったが、これだけ子ども食堂がつくられていくと、むくわれた気持ちになる。この1年は、こども食堂ネットワーク主催で「こども食堂のつくり方講座」も開催するようになった。発案者は栗林さんである。毎回、先輩子ども食堂の方たちが、2、3人お話をし、皆さんからの質問にお答えする。たまたま、その講座で出会った方たちが同じ地域だったので、意気投合して一緒に子ども食堂を始められた例もある。とにかく「やってみたい」と思わせる何かが「子ども食堂」にはあるのだと思う。

「やってみたい」という気持ちは、人の心を大きく動かす。WAKUWAKUのプレーパークは子どもの「やってみたい」という気持ちを大事にするが、子どもが自分から「やってみたい」ことを見つけて取り組むときは目がきらきら輝いている。大人も同じだなと思う。

食事をつくって食べる、これはとても日常的な行為である。勉強を教える学習支援より、「できそう」と思われる方が多いのだと思う。お腹いっぱい食べていない子がいる、と聞いたときにお腹いっぱい食べさせてあげたいと思うのは、自然な気持ちであろう。そして、誰かの役に立つことは大きな喜びだ。

あなた色の子ども食堂をつくってみよう

10年ほど前に、コミュニティカフェや地域サロンが、ちょっとしたブームになったことがある。カフェをやってみたい人もけっこういるんだなということと、地域の交流拠点が求められていることを感じていた。しかし、子ども食堂ほどに人を熱い思いにさせなかったように思う。対象が子ども、孤食の子どもやお腹をすかせている子どもだというところに、大人の心を揺り動かすものがあるのかもしれない。

「要町あさやけ子ども食堂」が、月2回のオープンなので、それを踏襲される方が多い。月2回程度というのも負担にならない回数なのだろうと思う。そして、みんなでワイワイ食事をつくることは楽しいことだ。やっているボランティアさんが楽しくなければ、長続きしない。つくった料理を目の前でおいしいと言って食べてくれる子どもたちがいる。子どものエネルギーは周りにいる大人を幸せにしてくれる。子ども食堂は関わる人すべてが元気になる活動だと思う。

利用する子どもも、いろんな大人と出会える。地域でのつながりが希薄になるなか、子ども食堂は、地域の大人が子どもに直接おせっかいができる場である。子ども食堂以外の場所で出会ったときも、知っているから声をかけることができる。「今日、うちでご飯食べていきなよ」。そう言ってくれるご近所さんができたら、その子はサポートされて育つことができる。子どもは困っていても自分から相談に行くことはしない。日常的に関係ができているからこそ、その場でぽろっと言葉が出てくる。

見えにくい子どもの貧困だけど、子ども食堂を始めた人は、実際に子ども食堂で子どもと出会うことができる。そこで出会う子どもは見た目には特別な子ではない。でも話しているうちに、その子の生活の一部に触れたときに、実感するものがあるはずだ。アンテナを張れるようになると、いろんなものが見えてくる。

子ども食堂は、今、全国ですごい勢いで増えている。豊島区にも現時点で、10か所。全国で何か所あるのか正確に把握する手立てもない。開催されている場所も、一軒家、お寺、教会、お店、デイサービス、児童館などなど。お寺は、宗派で会館を持っているところもあり、お寺の施設を借りて始めたり、住職さんが主体となって始めているところもある。教会には、広い厨房と食器類がそろっているところがけっこうあるようである。デイサービスは、夕方に終わるので、その後に子ども食堂をすることができる。洋食屋さんやカフェがお休みの日に子ども食堂を始めるところもある。児童館の職員は、お腹をすかせている子どもたちがいることを知っており、気になっていたがこれまで何もできなかった。子ども食堂を児童館で始めると、子どもを集めることに苦労しなくて済む。行政と民間が協働して子ども食堂を設立する取り組みも始まっている。

子ども食堂に定義はない。あえて言えば「安価な料金あるいは無料で、子どもや親子に食事を提供する場」というところだろうか。子ども食堂のやり方は自由である。料金も回数も対象者もメニューも。子ども食堂をやりたいという思いのある人たちが立ち上げ、利用する子どもや親子が集ってくる。そのスタイルや雰囲気は子ども食堂ごとに違う。

わいわいガヤガヤ、みんなでご飯。
一緒にご飯を食べることでつながることができる。
人は人とつながることで元気になれる。
あなた色の子ども食堂、つくってみませんか？

「子ども食堂」誕生まで

栗林知絵子

最初のきっかけは息子のこと

「え？　なんか変！」。生まれて初めて食べさせた卵ボーロで病院へ――。次男は、卵・小麦・乳製品のアレルギーを持って生まれてきたのでした。

おかげで、おにぎりと着替えと自転車の前に次男、後ろに長男を乗せて、朝から晩まで公園で思いっきり遊ぶ毎日です。そうするとね、昼に外で食べるおにぎりも、帰って食べるご飯も、すっごく美味しいのです。麺もパンも食べられない次男が、飽きずにご飯を食べる工夫ですね。「アレルギーが治りますように」と、食・暮らしの環境を考えるようになったのはこの頃からです。次男は5歳になると身体も丈夫になり、なんと！　小麦が食べられるようになりました。

家族はうれしくて、うれしくて！　それで、私と夫は順番に天然酵母のパン教室に通い始めました。パンといっても、卵、乳製品が入っていると食べられないので、小学校6年間の給食も、メニュー通りのパンを家で焼いて届けました。楽しく丁寧な子育てができたのは、次男のアレルギーのおかげです。ありがとう。このときのパン教室の先生が、実は、後に「要町あさやけ子ども食堂」の店主になる山田和夫さんの奥様なのです。

プレーパークで出会ったKちゃん

２００４年、豊島区にプレーパークがオープンしました。プレーパークとは、デンマークで始まった「冒険遊び場」づくりの運動のことです。日本では、１９７９年の羽根木プレーパーク（世田谷）が常設化されたことをきっかけに、今では全国各地に活動が広がっています。基本的に既存の遊具は置かず手作りで、土、水、木、火など自然の素材が遊び道具です。そこで子どもたちは、異年齢で群れて遊び、失敗も含め、やってみたいことを

プレーパークで1日中遊ぶ子どもたち。
夏は泥遊び㊤　冬は枯葉のお布団㊦

とことんできる遊び場です。オープン前の準備会から参加していたことから、なぜか私は「池袋本町プレーパークの会」の代表になっていました。

ところが、ある日のことです。プレーパークで「昨日から、ご飯食べてないの」「私、20円の駄菓子を食べたよ」とKちゃんのきょうだいが私に話しかけてきました。Kちゃんは家族みんなで独身用アパートに住んでいることを教えてくれ、友達からお母さんのことでからかわれても、いつもにこにこ笑っているのです。私は「イヤなことされたら、イヤだ！　と言っていいんだよ。怒ってもいいんだよ」と伝えることしかできませんでした。でも、とにかく向き合うこと、そして私の気持ちを伝え続けることはできました。私と2人きりになったとき、彼女は「引っ越してくる前はね、車の中で暮らしていたんだよ」とつぶやきました。その後、なにも告げずに引っ越したKちゃんに、もっと何かできることがあったんじゃないか？　と今でも悔やんでいます。引っ越したあと、手紙と大好きだったコマを送りましたが、ちゃんと届いたかなあ。プレーパークはKちゃんの宝物になったのかな……。

子どもの貧困問題に取り組む覚悟

２００８年正月、ニュース番組の「年越し派遣村」の映像は衝撃的でした。仕事と住まいを失い、日比谷公園で年を越す大勢の人が映っていました。それ以降、ＮＨＫの「格差社会」「ワーキングプア」などの番組を見るうちに、社会のことや困っている当事者の暮らしのことをもっと知りたくなり、２０１０年春、年越し派遣村村長の湯浅誠氏が始めた貧困問題の勉強会に通い出しました。「もしかしたら、町の子どもの暮らしと、テレビの向こうの問題はつながっている？　勉強会に行けば、Ｋちゃんが笑顔で暮らせる方法が見つかるかな？」と思い立ったのです。

講座では雇用と労働、社会保障、団交やデモ、ひとり親、障害、ホームレス……、知らなかった社会的弱者の人の暮らしぶりを知りました。毎月２回の講座もあっという間に１

年が過ぎましたが、いくら頭で知っても、なにか解決の糸口を見つけても、それだけでは目の前の現状は何も変わらないと感じつつ、もやもやしてる私に、湯浅氏は「地域で活動をしたいなら、地域に仲間をつくったほうがいいよ」とアドバイスをくれました。プレーパークを運営しているにもかかわらず地域に仲間がいない私は、地元の池袋で、不登校・ひきこもりの居場所づくりをしている天野敬子さんに会いに行きました。

「私は、子どもの貧困の問題に関心があるのですが、天野さん、どう思われますか？」10年前に一度だけ会ったことがある天野さんに唐突に聞くと「来週、イベントを企画しているので、よかったら来てください」とチラシを1枚、さらりと渡されました。翌週、私が気にかけている子6人をぞろぞろ連れて行ったのは「ホームレスに出会う子どもたち」という映画上映イベントでした。

その後、池袋でホームレス支援をしているNPO法人TENOHASIの夜回りに2年あまり参加。年越し派遣村で見たのは映像でしたが、路上生活をするたくさんの人たちと実際に接することができました。

それは、ひとりの子のSOSから始まった

「あれ、久しぶりだね。受験勉強がんばってる?」。プレーパークに来ている中学3年のT君に近所のスーパーの前でばったり会い、声をかけました。2011年の夏休みの終わり頃でした。

「先生に、都立高校は無理って言われた……」

おせっかいな私は「どうしてよ? まだ夏休みなのに。今から行けないなんて決めることないよ」と応えつつも、彼が買ったアイスクリームがとけてしまうのも心配なので、一緒に帰る道すがら「うちはここだよ、本当に勉強したいのなら教えてあげるから、いつでもおいでよ」と言って、別れたのです。ところがその5分後、インターホンが鳴りました。玄関を開けると「ねえ、本当に勉強、教えてくれるの?」とT君が立っていたのです。

それから数日後、T君の勉強会が我が家の1階事務所でスタートしました。初めて来た日は、小学生用の小数点の足し算、掛け算などのドリルを持ってきて、勉強のやり方、高校進学について、誰に聞いていいのかわからないことを話してくれました。

「大丈夫、大丈夫」と言いながら、T君の困りごとを聞いてしまった私は、もう彼をほ

っとけなくなり、それから毎日、我が家での無料塾が始まりました。

しかし、当初のT君は勉強以前に、決まった時間に来ることが一番の課題でした。6時の約束なのに9時に来たり、連絡が取れなければ迎えに行き、最初は、とにかく来てくれたことをほめることにしました。ご飯も一緒に食べましたが、「クリばあの家は、家族みんなでご飯食べるの？ 気持ちワル〜」という彼と、私は2人だけでご飯を食べました。T君家族は母子家庭で、お母さんは昼も夜も仕事です。それでも子ども2人のために、毎日500円ずつ渡して、きょうだいは毎日弁当を買い、各々ひとりで食べる暮らしだったことは、プレーパークでは知るよしもないことでした。

私は会社から帰るとご飯の支度をして、それからT君と一緒に勉強の時間です。夜の予定はすべてキャンセルしてでも、T君に寄り添いましたが、1か月もすると私自身がひとりでは抱えきれなくなってきました。だからといって、途中でやめるわけにもいきません。そこで、「夜ご飯は用意するから、協力してほしい」とプレーパークのボランティア学生4人を巻き込み、サポートを継続することができました。

関わってくれたのは、全員一人暮らしの大学生です。バイトをしつつも、プレーパークのボランティアに従事している若者で、お金には困っていませんが、孤食です。ですから

都立高校しか選択の余地がなく、小学校の勉強でつまずいているT君と関わり、何か感じるところがあったのでしょう、皆がエンパワメントすることができました。

学生は1週間に1度の担当で、得意教科を教える計画を立てましたが、ご飯の時間になると毎日学生が2～3人はうちに集まり、T君を囲んでワイワイご飯を食べていました。振り返ると、あの時間は大切な宝物です。いきあたりばったりで始めた受験サポートでしたが、地域にはT君を応援してくれる人たちが確実につながっていく実感がありました。

WAKUWAKUの設立、そして「子ども食堂」誕生へ

2012年6月、T君受験報告会のシンポジウムを開催し、参加した地域住民80人に「地域の子どもを地域で見守り支えるために、ゆるやかにつながりたいね！」と呼びかけて「豊島子どもWAKUWAKUネットワーク」が誕生しました。シンポジウムの帰り道「今まで生きていて一番うれしかった」というT君のつぶやきに、私は感無量でした。

「知っているひとりの子どもの困りごと」から始まった100名足らずのネットワークは、1年後にNPO法人に飛躍しました。豊島区がプレーパークの事業拡充に向け、事業

委託の意向を示したため、池袋本町プレーパークの会をWAKUWAKUの傘下と位置付け、2013年8月にNPOの認証を取得したのです。そして、2015年度より、池袋本町プレーパークは豊島区より事業委託され、常設となりました。乳幼児親子や地域の人がつながり、リラックスして話ができる交流の場「おそとかふぇ」も始めました。おいしいコーヒーやお菓子を用意して、通りかかった親子にはこちらから声をかけ、かなり積極的にかふぇに誘います。そこまですると、公園デビューに失敗するママも減るんじゃないかしら、と思っています。

2013年2月、T君の学習サポートで、掛け算の勉強でつまずく子、お金の問題で塾や模擬試験を我慢する子どもがいることを知り、始めたのが公の集会室での無料学習支援池袋WAKUWAKU勉強会です。外国籍の子とママのための、にほんご勉強会も同時開催で、地域の子どもはみんな大歓迎です。

そして2013年春、わいわいガヤガヤみんなでご飯を食べる「要町あさやけ子ども食堂」が生まれました。T君がいつもコンビニのご飯をひとりで食べていることを知ったのがきっかけです。が、実はもうひとつ、きっかけがあります。パン屋の山田さんが、大きい一軒家でひとりぼっちになってしまったことを知りました。

「息子さん夫婦が引っ越して、山田さんは一人暮らしになった」と聞けば、「あ、そうなんだ」で終わったでしょう。しかし、「奥さんが病気で亡くなり、同居の息子さん夫婦が遠くに引っ越されて、電話がまったくかかってこなくなり、山田さんはテレビを見る気も、新聞を読む気もしなくなった」と聞き、今度は、山田さんをほっとけなくなりました。山田さんは、次男のアレルギーがきっかけで通ったパン教室の奥様の夫です。私はにぎやかな山田家を知っているだけに、「みんなでご飯を食べる子ども食堂をやりたい」と山田さんがつぶやいた時は、とてもうれしかったのです。

今、あらためて振り返ると、現状から一歩踏み出そうと「やってみたい！」とつぶやいたT君と山田さんの声が、周囲の人を動かし、原動力となり、共に暮らす町をつくることになったのだと思います。

月に2回の子ども食堂の日、山田じいじはうれしそうに、にこにこしています。天国にいる奥さんも、きっとこの展開は予想していなかったでしょうね。

「あさやけ子ども食堂」本日オープン！

山田和夫

妻が残した小さなパン屋

自宅を改装して、私の妻が25年前にパン屋を始めました。天然酵母にこだわったパン屋です。自宅には早朝からパン職人さんが出入りをして、いつもにぎやかでした。地域のいろんな方がパンを買いに、我が家を訪れておりました。ですが生憎《あいにく》、妻は5年ほど前に病に倒れ、亡くなりました。

同じ頃、私はサラリーマンとして勤めた会社を定年退職し、さらに原発事故の影響で息子夫婦が関西に移住し、誰も家にこない、電話もならない、一人暮らしの日々を過ごすことになりました。あの頃は、どん底だったと思います。

そんなある日、大田区で「子どものための食堂」をやっていると教えてくれた方がいて、さっそく見学に行きました。子どもたちが集まって、美味しそうにご飯を食べて、一家団欒のあたたかさがあり、楽しそうでした。これと同じことを、要町の私の家を開放してできないだろうか……。

子ども食堂、やってみようかな…

地域の方に声をかけられ参加した「豊島子どもWAKUWAKUネットワーク」の集会で、「子ども食堂、やってみたい」とつぶやいてみましたら、代表の栗林知絵子さんが聞き逃さず、その場で多くの方の賛同を得て引くに引けずに、「やりましょう」ということになりました。

それからの準備は大変でした。保健所の営業許可をとるために、少し家の工事をしました。食材をどうするか、調理のスタッフをどうするか、子どもは来るだろうか。いろいろ心配事がありましたが、妻が残しておいてくれた地域のネットワークで手伝ってくださる方が次々とあらわれ、とうとう２０１３年の春に、「要町あさやけ子ども食堂」がオープンできました。長い夜が終わって、もうじき夜明け、でも、今はまだあさやけの時。そんな気分で名前をつけました。

子ども食堂オープンの告知

「子ども食堂」は、子どもだけでも入れる食堂と銘打って、一食３００円で夕食を提供しています。第一・第三水曜日の17時30分～19時にオープン。食堂には、親の帰りが遅く夕食を一人だけで食べていた子や、不登校だった子、赤ちゃん連れのシングルマザーなどが立ち寄ります。みんなで同じご飯を一緒に食べる。食べた後は、幼児から高校生の年代の子までが、一緒になって遊びます。子どもたちはすぐに仲良くなるのです。一軒家なので、階段をのぼったり降りたりするだけでも楽しいようで、上の部屋では段ボールハウスの秘密基地やお化け屋敷ごっこが始まったり、みんなとっても楽しそうです。

６人に１人の子どもが貧困状況にあると言います。私たちの子どもの頃は、みんな貧困でした。こんなに豊かな世の中になったのに、格差が広がっているようです。どの子も幸せになってほしいと思います。

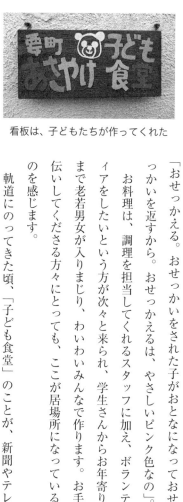

スタッフにとっても、ここが居場所

お店の看板は、母子家庭のえむちゃんと、祖父母に育てられているわい君が作ってくれました。わい君は手先が器用で、上手に木を彫ってくれました。将来、家具職人になりたいそうです。そこにはえむちゃんが描いた、カエルの絵があります。えむちゃん曰く、「おせっかえる。おせっかいをされた子がおとなになっておせっかいを返すから。おせっかえるは、やさしいピンク色なの」。

看板は、子どもたちが作ってくれた

お料理は、調理を担当してくれるスタッフに加え、ボランティアをしたいという方が次々と来られ、学生さんからお年寄りまで老若男女が入りまじり、わいわいみんなで作ります。お手伝いしてくださる方々にとっても、ここが居場所になっているのを感じます。

軌道にのってきた頃、「子ども食堂」のことが、新聞やテレビで紹介され始めました。それをご覧になった全国の方々から、さまざまな支援をいただいております。自然栽培で作られた、お野菜・お米・味噌・じゃがいも・ジャムなどの食材や、手作りの布フキン、お寺からの「おやつのお裾分け」、遠いところではスペインの在留日本人の方が、実家の北海道から新巻鮭を送っていただくなどです。先日は、70歳すぎの男性からお手伝いの希望をいただきました。永年お寿司屋さんをやっていたそうで、子どもたちにお寿司を握ってあげたいそうです。年末のお楽しみ企画で活躍してもらいます。困っている子どもに何かできることをしたい、と思ってくださる方がたくさんいるんだなと思いました。そんな方々との交流も、ありがたく思います。

お気に入りの絵の前で

子ども食堂という「場のちから」

小学生の女の子ですが、学校でイジメにあい、教室に行けずに、時々保健室に登校していたそうです。その子が、子ども食堂に来るようになりました。次第に、食べるだけでなく、お料理を運んだり、皿洗いなどのお手伝いをし始めました。そのうち、早くから来るようになり、マイスリッパを持参してまで、お料理作りに参加し始めました。小さい子どもたちとの遊び時間には、お姉さん役をやっています。この頃では、取材を受けると、自分の思っていることや考えていることを堂々と話せるようにすらなっています。

ある日、あまりの人の多さに靴を数えたら、50足あったこともありました。よくまあ、この家に50人も入るものだとびっくり。私自身、どん底だったときを振り返ると、とってもにぎやかになって、こんなに幸せなことはありません。

オープンしてから1年半ほどになりますが、素敵なことがたくさん起こっています。誰がどうしたと言うわけではなく、子ども食堂という「場のちから」がそうさせているような気がします。

これからも、元気なかぎり、この活動を続けていきたいと思っています。

＊

さて、お読みいただいた文章は、２０１４年に東京都社会福祉協議会が募集した「きずなづくり大賞２０１４」に、当時の私の気持ちをそのまま文字にして応募したものです。今読み返してみますと、今と何も変わっていないことに、多少の驚きがありました。スタッフの方と普段の打ち合わせはするものの、スタッフミーティングのようなものや、反省会など一度もやらずに、これまでやってきました。これからも特段、何かを変えていくこともないだろうし、このまま続けていくことに努力をしたいと思っています。

全国のそれぞれの地域で、それぞれの形の「子ども食堂」ができていると聞いています。それぞれに困難や問題を抱えられているとは思いますが、このムーブメントが一過性で終わらずに、地域に根づいた活動でありつづけていけたら、素敵なことだと思います。私もその一人として努力してまいります。

★わいわいガヤガヤみんなでごはん★

要町あさやけ子ども食堂

場　所：東京都豊島区要町1-39-4
開催日：第1・第3水曜 17:30〜19:00
連絡先：03-3957-4270（山田）
参加費：300円
ＵＲＬ：http://www.asayake-kodomoshokudo.com/

店主・山田さんへの7つの質問

Q① 子ども食堂オープン日は、山田さんは何をしていますか？

基本的には雑用係です。ママチャリの整頓などですかね。それから、初めて来られたであろうスタッフさん、見学者、特に緊張感のある男性に話しかけるようにしています。というのも、私自身もそうでしたが、こうした地域の活動は女性ばかりでしょ。男は身の置き場がないので（笑）。

Q② スタッフとの打ち合わせや反省会はしないとありますが、本当ですか？

できていないことよりも、できたことのほうが大事と考えるようにしています。大切なのは、スタッフさんが楽しく動けるような場所づくりに徹することです。皆さんの明るさがここの基本。配慮の足りないところをそれぞれにカバーしあってくれていることに感謝しています。

Q③ あさやけ子ども食堂の料理のこだわりについて教えてください。

安心・安全な食材を丁寧に扱って、そのすべてを使っています。また、日本の風習を子どもたちに知ってもらえるように、お正月や節分、ひな祭りなど、季節の行事がある月には、年中行事を踏まえたイベントメニューを取り入れるようにしています。

Q④ 食事を終えると、子どもたちはどう過ごしていますか？

2階の部屋に行って、天井が抜けるかと思うくらい毎回大騒ぎしていますね。親の目を離れて、子どもたちだけで遊ぶというのが楽しいんだと思います。もちろん、学生さんたちの見守りの目はありますよ。

Q⑤ ご近所の方への配慮はどうしていますか？

これは大切な問題。私が生まれ育った家なので、幼稚園や小学校の同級生が今も点在しています。近ごろ子ども食堂が有名になって、町会やご近所さんからも差し入れがあります。ご近所の皆さんに、この活動を知ってもらっている、理解してもらっているというのは非常にありがたいことだと感じています。

Q⑥ とくに大切にしていることはありますか？

本当に困っている子に支援を届けなきゃという考えもありますが、月2回開催の子ども食堂でどこまで効果があるかなんて分かりません。それよりも、地域のつながりや居場所づくりを楽しみましょう。来た人が楽しければ、子ども食堂は「イベント」でいいんです。

Q⑦ これから子ども食堂を始めようと思う方にメッセージをお願いします。

小さく始めちゃって、みんなで大きく育てよう！

コラム 子ども食堂があってよかった！

ここでは、子ども食堂を利用した子どもやお母さんたちの声を紹介します。

◎みんなでワイワイご飯が食べれて楽しいです。（中学生）

◎昔ながらの一軒家で、親戚の家に遊びに行くような楽しさです。（お母さん）

◎あさやけ子ども食堂は基本相席なので、初めての人も自然と挨拶やおしゃべりをするきっかけになります。（お母さん）

◎あさやけ子ども食堂はご飯が大人っぽくて食べれないけど、手作りパンが美味しい。（小学生）

◎品数が多くて、栄養バランスがよさそう。（お母さん）

◎ふだん家でつくれないおかずがいっぱい出てきてうれしいです。（お母さん）

◎プレーパークと勉強会のほうが楽しい。子ども食堂はふつう。（小学生）

◎ご飯の後は、子どもたちは学生ボランティアさんなどに見守られながら遊べるので友だちになれます。（お母さん）

◎遊べるのが楽しい！（幼児）

◎うちは母子家庭で、子どもの食が細く、いつも食べさせるのに苦労しています。子どもと2人きりだと煮詰まりますが、子ども食堂に来ると子どもの食がすすみ、私も煮詰まらずにすんで助かっています。（お母さん）

◎ここに来ると、子どもがのびのび遊べてストレスを発散してくれるので、家に帰ってもいつもよりいい子で、親子でストレスを感じないで過ごせます。（お母さん）

◎後片付けがないのが、本当にありがたい。のんびりご飯が楽しめる。（お母さん）

◎明日からまた頑張ろうという気になります。（お母さん）

第２章

子ども食堂のつくり方講座

本章では、子ども食堂のはじめ方をQ＆A形式でまとめました。

Q1

子ども食堂は自由につくっていいのですか？

「子ども食堂」というネーミングは、関東では「だんだん」の近藤博子さんが名付け親です。登録制であったり、どこかに届け出が必要ということはありません。どなたが始めてもけっこうです。ただ、私たちとしては、子どものための食堂であってほしいので、営利目的の方には使ってほしくないと強く思っています。「こども会」という名前でやっているところもありますし、子どもだけではなく、お年寄りも一緒にということで、あえて「子ども」をつけていないところもあります。

Q2 子ども食堂は私でもつくれるでしょうか？

大丈夫です。〝思い〟があれば誰でもつくれます。

Q3 まず何から始めたらよいでしょうか？

思いを一《いっ》にする仲間を集めることが大事だと思います。1人でも2人でも仲間がいれば心強いです。仲間が集まれば、料理が得意な人や広報が得意な人など、それぞれの得意分野を生かすことができます。1人だけでやろうとすると、風邪もひけなくなります。でも、とりあえず小規模に1人で始めてみて、やっていくうちに仲間が見つかるという方法もあると思います。

Q4 場所が見つからなくて困っています。

定期的に場所をおさえることができて、無償のところだと、なおいいですね。WAKUWAKUでは、公的な施設をお借りして「出張！ 子ども食堂」というネーミングで単発のイベントを実施する試みもしています。以下に、どのような場所が考えられるか列挙してみました。

①公民館や公的な集会室

会場を無償で提供してもらえるよう行政に交渉し、行政と協働で開催できると、PRも協力してもらえるので、運営しやすいと思います。無償にならなくても、公的な施設は会場使用料も安価であることが多いです。

②町会の集会所

お住まいの町会が、会館を持っていて使えそうであれば、町会に交渉するのも一案だと思います。ご自身も町会メンバーの1人ですから、発言権もあります。そうすると、地域の方で協力してくださる方もあらわれることでしょう。厨房《ちゅうぼう》施設がなければ、持ち寄りで、食事会的にやるのも一案です。

③お寺

お寺の協力で開いている子ども食堂はけっこうあります。WAKUWAKUでも、椎名町こども食堂は、金剛院というお寺のご厚意により、蓮華堂という施設で実施しています。お寺の数は全国に8万くらいあって、コンビニの数より多いそうです。また、宗派で所有している会館もあります。最近ではお寺の住職さんが、自ら子ども食堂を始める例もあります。

④教会や神社

教会も広いスペースと広い厨房、食器類がそろっているところがあると聞きます。すでに路上生活の方への炊き出しを常時やっている教会もあると思います。

⑤児童館

児童館をやっている方たちが、子ども食堂を始めようという動きが各地であります。北海道旭川では、北門児童センター（児童館）の職員が困難を抱えている子どもたちを何とかしたい思い、すぐ隣に位置する公民館の調理室と集会室を会場として、北海道旭川大学短期大学部幼児教育学科の清水ゼミの学生さんたちや地域がコラボして、子ども食堂が誕生しています。

児童館の職員は、お腹をすかせている子ども、家でちゃんと食べていない子どもがいることをよく把握しています。児童館あるいは児童館の近くで子ども食堂ができれば、目の前にいる気になる子どもたちが利用できるので、子どもを集めることに悩まなくて済みます。児童館と連携して子ども食堂を始めるのはよい方法だと思います。特に地方では、小学校区が広範囲のため、だれもが歩いて来られる距離の児童館で開催することは、子どもにとっても便利です。

⑥高齢者の施設

高齢者のデイサービスなど通所施設は4時頃に終わってしまうので、夜に子ども食堂として利用しやすい場所のひとつだと思います。岩手など各地で試みが始まっています。高齢者との交流を取り入れているところもあります。

⑦飲食店としてすでに営業されているお店の定休日

豊島区では2つの飲食店から問い合わせがあり、新たに子ども食堂が誕生しました。お店の定休日に開催しています。飲食店だとすでにQ7に出てくる飲食店の営業許可がとれていますし、調理器具や食器もそろっていますから、始めるのが容易です。

⑧企業

企業に社会貢献としてスペースを提供してもらうことも考えられます。社員食堂のようなスペースで始めているところもあります。社員食堂なら、厨房設備も申し分ないですね。企業自らが社会貢献として始める動きもあります。

Q5

ボランティアさんの募集はどうすればよいですか。何人くらい集めればよいでしょう。

ホームページを作成して、ボランティア募集をすると、今、子ども食堂は人気があるのでボランティアをしたい人が集まると思います。地域の社会福祉協議会が運営しているボランティアセンターに行くと、ボランティアセンターだよりに掲載するなど、相談にのってくれます。お近くの大学のボランティアセンターにお願いして、ボランティア募集のチラシを掲示してもらうこともよい方法だと思います。

また、ボランティアスタッフの人数ですが、開催する子ども食堂の規模によって、募集人数は変わると思います。要町あさやけ子ども食堂や椎名町こども食堂は広いスペースで開催していますので、いつもスタッフが10人以上いて、60～80食つくっています。池袋こども食堂は小さいスペースなので、スタッフは5人です。午後3時に来て6時に帰るボランティアさん、最後までいる方、途中から参加する方と活動に参加する時間もまちまちですので、一緒に開催する仲間と必要な人数を検討するのがよいと思います。

Q6 資金はどうやって調達すればよいでしょう。

ホームページを作成して、寄付を募ったり、会員制にして会費を納めていただくのがひとつの方法です。寄付は、お金だけではなく、農家からの米、野菜の寄付があります。あさやけ子ども食堂では、近所のスーパーから、毎回果物のご寄付をいただいています。先日、地域の方から「夫がスライサーの機械の会社で、鮭がいっぱいあるので、要りませんか？」とお電話をいただき、鮭の切り身を大量にいただきました。たまに、スライサーの実演のためにカットされた鮭が冷凍庫にいっぱいになるそうです。鮭とキャベツの味噌煮込みにしたらとても美味しくて、子どもたちは残さず食べてしまいました。子ども食堂を開催することで、いろいろな人とのつながりが生まれています。

*

民間の助成金は、中央ろうきん助成プログラム、キリン福祉財団など、たくさんあります。応募の期間が決まっていますので、そのときに、申請書を書いて書類をそろえて提出しなければなりません。NPO法人など法人格を持っていないと申請できないものもありますが、任意団体で申請できるものもあります。前記のものは任意団体で大丈夫です。朝日新聞厚生文化事業団が始めた「朝日こどもの貧困助成」もその中のひとつです。

http://www.asahi-welfare.or.jp/archives/2016/07/post-190.html

＊

「子どもゆめ基金」という国と民間が協力して子どもの体験・読書活動などを応援し、子どもの健全育成の手助けをする基金があります。こちらの助成金も任意団体で申請可能です。また、児童養護施設や母子生活支援施設、地方公共団体などと協力して行う場合は、「経済的に困難な状況の子供の体験・読書活動」として申請することができ、食材費も認められます。

http://yumekikin.niye.go.jp/index.html

＊

政府が子どもの貧困対策のために企業から資金を集めて「子供の未来応援基金」を始めました。日本財団が運営をしています。

http://www.nippon-foundation.or.jp/what/grant_application/programs/children_future/

＊

近ごろでは各地に子ども食堂ができて、居場所として有効だと認識している行政や社会福祉協議会が開店準備資金の提供や、助成金などのサポートを始めたところもあります。例えば、久留米市では子ども食堂の補助金を設置しました。運営経費・年額30万円まで、施設整備の初期経費・20万円まで補助が出ます。

また、滋賀県社会福祉協議会 滋賀の縁 創造実践センターでは、「遊べる・学べる淡海子ども食堂」推進事業を実施しています。

http://shiga-enishi.jp/child_dining/index.html

http://shiga-enishi.jp/child_dining/kodomo_syokudou_3_18.pdf

＊

東京ボランティア・市民活動センターのホームページでは、常に全国の最新の助成金情報を載せてくれていて、とても便利です。ご参照ください。

http://www.tvac.or.jp/di/list10

Q7 保健所への届出は必要ですか？

① 子ども食堂を開催する場が、**飲食店の営業許可**を受けている場合は、不特定多数の人に食事を提供することができます。飲食店の営業許可とは、保健所の所定の申請用紙に記入し必要書類と手数料（都内は1万８３００円）を提出すると、保健所職員による施設検査が行われ、諸条件を満たしていると判断されれば、飲食店の営業許可書がもらえます。その際、食品衛生責任者が1名必要です。食品衛生責任者は所定の１日講習を受ければ誰でも取得することが可能で、受講料は1万円です。調理師や栄養士などの免許を持っている人がいれば、食品衛生責任者はいなくてもよいです。営業許可をとるためには、厨房のシンクや手洗いや給湯設備などの諸条件がそろっていることが必要です。詳しくは、保健所にお問い合せください。

② 東京都の場合は、**集団給食の届出**という制度があり、特定多数人に対して、週1回以上継続的に1回20食以上または1日50食以上の食事を提供する給食供給者は、所管の保

健所に届出をしなければなりません。こちらも食品衛生責任者の資格を持っている人が必要です。特定であるためには、事前予約制にして住所と名前を把握するか、参加するときに住所と名前を記入してもらうことが必要です。月2回であっても、この届出をしておくと安心ですね。

③ **行事開催届**という申請の方法もあります。お祭りや地域のイベントで、不特定多数を対象として食品を提供するときに申請するものです。

WAKUWAKUで運営している子ども食堂4か所のうち、3つは飲食店の営業許可がとれています。1つは、厨房設備が許可の要件に合わないので、集団給食の届出を保健所に提出しています。

飲食店の営業許可がとれていても、食中毒がおこったら大変です。手洗い、ふきんやまな板の消毒、マスクの着用など、衛生管理には十分注意をしてください。どこかの子ども食堂で食中毒が発生したということになると、すべての子ども食堂の活動にマイナスの影響を及ぼす可能性があります。食品衛生責任者の資格をとることで、食品を扱う際の基本的な知識を学ぶことができます。

Q8 アレルギー対策はどうすればよいでしょう。

乳幼児親子が参加する子ども食堂は、親が管理してくれるので、提供する私たちは気持ちが楽ですね。

子どもが1人で来る場合、小学生にもなれば自分のアレルギーは理解していますので、確認したほうがよいです。例えば卵アレルギーで、卵のカタチが食卓に上がれば、避けることができますが、マヨネーズ、ウインナー、ベーコン、コロッケなど（揚げ衣）、ハンバーグなどは卵の原形がないため、子どもがうっかり食べてしまうと大変です。はじめから、代表的なアレルギー食品である乳製品や卵は扱わずにメニューを決めるとストレスが減ります。例えば、肉じゃが、おひたし、味噌汁、ご飯などの和食です。

事前予約制にして、予約時にアレルギーチェックをしておくと万全ですね。でも、すべてのアレルギーに対応することはできませんので、スタッフで相談してどこまでお引き受けするか決めておくと迷わず対応できます。また、宗教上の理由で、豚肉がダメとか牛肉がダメ、ということもあります。豊島区は外国籍のお子さんも多いので、豚肉以外のものをたくさん食べてもらうなど、臨機応変に対応しています。

Q9

月2回程度のところが多いようですが、開催頻度はどのくらいが適当でしょうか?

回数は何回が適当かは、それぞれの場所の実情によると思います。会場が借りられる回数、スタッフが集まりやすい回数、資金の問題などです。

WAKUWAKUが開催している食堂は、それぞれ月に2回です。しかし、月に2回で4か所なので、頑張れば月に8回はにぎやかにワイワイご飯を食べることができます。また、池袋こども食堂では、WAKUWAKUが第1、3週の木曜に開催しています。そして同じスペースで、大学生が大学生による子ども食堂「池袋テーブル」を第2、4週に開催しています。開催する側はそれぞれ月に2回の活動ですが、子どもにとっては毎週ご飯を食べに来ることができます。このようにいくつかの団体で同じ場所をシェアして開催することもよい方法だと思います。

毎火曜日とか第4木曜日とか、毎月、定期的に開催するほうが利用する人たちも迷わずに参加できます。毎日、開催しているところもあると聞きます。スタッフでよく相談をして、無理のない設定で始めることをおすすめします。また、本格的に始める前にプレオープンをしてみて、運営方法を確認したり、集客力を確認するのもよい方法だと思います。

Q10 参加費はいくらにしたらよいでしょう。

完全に無料にしているところから、100〜300円までいろいろです。子ども無料、大人300円というやり方もあります。300円徴収すれば、食材費はまかなえると思いますが、本当に困窮している家庭は来られなくなる可能性があります。

Q11

保険には入ったほうがよいでしょうか？

イベントに対して補償される傷害保険に入っておくと安心です。参加する方全員が対象となります。WAKUWAKUでは、年間2万円程度のものに加入しています。参加人数や回数によって違いますので、複数の会社で見積もりをとってみるとよいと思います。

ボランティアさんについては、社会福祉協議会のボランティア保険を利用するのも手です。ボランティア活動を行う個人が加入する保険で、ボランティア活動中の事故に対応します。年間300円程度です。これをかけておくと、どこでボランティアをしても保障されます。

また、「こども食堂保険」というのも開発されました。①施設賠償責任保険（管理不行き届きによるケガなどの補償）、②生産物賠償責任保険（食中毒をおこした場合の補償）の2つに対応しています。詳細は、こども食堂ネットワーク（➡Q15）にも加盟している「こがねはら子ども食堂」の高橋さんにお問い合せください（email：kogane.kodomosyokudo@gmail.com）。

Q12

利用する子どもはどうしたら集まるのでしょうか？

困っている子どもに来てほしいけれど、子どもの貧困は見えにくく、どこに困っている子どもがいるのか分からないと思います。

学校にチラシを持ってお話にいくと、特定の子どもに声をかけることはできないと言われます。でも、地域の学校に子ども食堂を開催することを知っておいてもらうのはよいと思います。また、保健室の先生は、困っている子どものことをご存じなので、お話ししておくとよいと思います。

児童館にチラシを持っていくと、チラシを置いてくれたりすると思います。子どもを支援している公的な機関である児童相談所や子ども家庭支援センター、子育て支援課の相談窓口、生活保護を担当している福祉事務所（生活福祉課）、くらし・しごとセンター（困窮者を対象とした相談窓口）に子どもをつないでくれるよう、お願いしておくとよいと思います。

地域にスクールソーシャルワーカーやコミュニティソーシャルワーカーがいれば、ぜひお話に行ってください。協力してくれると思います。また、厚労省から委嘱を受けている民生児童委員や主任児童委員という方たちが必ず地域住民の中にいらっしゃいます。この方たちに協力を求めるとよいと思いますし、運営の仲間に入ってくださるかもしれません。

ＷＡＫＵＷＡＫＵの子ども食堂は、いろんな子どもが利用しています。経済的に困難な子どもや家庭に限定しているわけではありません。お友達を連れてきてＯＫです。対象を絞るのか絞らないのかは、スタッフでよく話し合って決めたらよいと思います。

Q13 帰りは子どもを送っていったほうがよいでしょうか？

親が同伴のときはよいですが、子どもだけで来たときには、夜道は危ないのでスタッフが送っていったほうがよいですね。近所の子どもたちですから、そんなに時間はかからないと思います。同じ方向に帰るお母さんにお願いすることもできます。帰り道に子どもとゆっくりお話ができるので、信頼関係をつくるためにもよい時間となります。地方で、送迎がむずかしい場合には、土曜日の昼に開催しているところもあります。

Q14 「こども食堂」と「子ども食堂」、どちらにするか迷っています。

子ども食堂にルールがないように、「こども」にするか、「子ども」にするか、「子供」にするかは仲間で決めればよいと思います。ちなみに、椎名町こども食堂は、椎名町が漢字なので「こども」はひらがなにしました。要町あさやけ子ども食堂は、あさやけがひらがななので「子ども」がわかりやすいですね。ほんちょこ食堂は、孤食の高齢者にも来てほしいので、そもそも「子ども」を入れていません。そこに関わる人たちが話し合って決めればよいと思います。

Q15 子ども食堂のネットワークはあるのでしょうか？

今、各地でネットワーク化が始まっていて、それぞれの地域でシンポジウムなども開催されています。例えば、「**こども食堂ネットワーク**」というゆるやかなつながりが関東圏を中心にあります。２０１５年1月にＷＡＫＵＷＡＫＵ主催で実施した初めての「こども食堂サミット」（@池袋）のあとに、ネットワーク化していきましょうと関係者で話し合って立ち上げました。定例会を開催したり、「こども食堂のつくり方講座」を実施しています。素敵なホームページがありますので、ぜひご覧ください。ホームページ上で、ボランティア募集や寄付募集もすることができます。

http://kodomoshokudou-network.com/

こども食堂ネットワークでは、メーリングリストをつくっています。子ども食堂を実施している団体または個人が参加しており、食材の寄付を大量にいただいたときに再分配したり、子ども食堂向けの保険や助成金などの情報を共有しています。全国の子ども食堂を始めている方たちは、ぜひこども食堂ネットワークにご参加いただき、一緒に子ども食堂の輪を広げていきましょう。

Q16

やっていくうえで大事なことは何でしょう。

地域の子どものための食堂です。決まった日に大人の都合に左右されることなく開くこと、そして継続することが大事だと思います。だからこそ、1人ではなく地域の仲間をつくり、楽しく開催することをおすすめします。また、やりながら試行錯誤して、改善していく柔軟な運営方法がよいと思います。

コラム

こども食堂の輪（ネットワーク）が広がっています。

釜池雄高（こども食堂ネットワーク事務局）

2015年4月、首都圏でこども食堂の活動をしていた7つの団体がとある会議室に集まりました。そこで、「こども食堂を広めるにはどうしたらいいのか」を話し合った結果、こども食堂どうしの「横のつながり」をつくり、情報や食材などを連携していくことが決まりました。こうして、「こども食堂ネットワーク」は産声をあげたのです（といっても、そのときは「名前はまだない」状態でしたが……）。

7月になり、「こども食堂を始めたい」という方たちに向けた講座（のようなもの）ができないかと栗林さんが発案し、第1回の「こども食堂のつくり方講座」（これも当初は名前があいまいでした……）を開催しました。つくり方講座はこれまでに6回開催し、参加してくださった方々がたくさんのこども食堂を新たにオープンしてくださっています。

2016年1月11日、豊島センタースクエアで開催された「こども食堂サミット2016」には、300人近い方々が参加してくださり大盛況。同じ日にオープンしたこども食堂ネットワークのウェブサイトにも、「私もこども食堂をやってみたい！」といった内容のメールが殺到しました。

そして最初の会合から1年が経った2016年4月、こども食堂ネットワークでひさしぶりに定例会をしようとしたところ……、参加希望のこども食堂は約50団体に！　1年前にスカスカだった会議室では到底入りきれず、事務局としてはうれしい悲鳴をあげているところです。

いま、全国各地の子ども食堂は300か所以上に増えており、その広がりは私たちの想像をはるかに超えたものとなっています。

◎こども食堂サミット2015

会期：2015年1月12日（祝・月）
会場：豊島区立勤労福祉会館6階大会議室
主催：NPO法人豊島子どもWAKUWAKUネットワーク
後援：豊島区、NPO法人TENOHASI
平成26年度東京都広域食育推進民間活動支援事業
参加者：196名
【基調講演】“おいしい・うれしい・たのしい”でつながる居場所
講師：西野博之（NPO法人フリースペースたまりば理事長）
【パネルディスカッション】
近藤博子『だんだんこども食堂』(大田区)
山田和夫『要町あさやけ子ども食堂』(豊島区)
白旗眞生『Kiitos（キートス）』（調布市）
大村みさ子『子ども村：中高生ホッとステーション』（荒川区）
西野博之『川崎市子ども夢パーク』（川崎市）
栗林知絵子（豊島子どもWAKUWAKUネットワーク理事長）
司会進行：天野敬子（豊島子どもWAKUWAKUネットワーク事務局長）

◎こども食堂サミット2016

地域ネットワークづくりのシンポジウム
―共助社会へ向けて―

会期：2016年1月11日（祝・月）
会場：としまセンタースクエア（豊島区新庁舎1階）
資料代：500円
共催：豊島区、NPO法人豊島子どもWAKUWAKUネットワーク、こども食堂ネットワーク
後援：豊島区民社会福祉協議会
参加者：347名
【パネル展示】関東圏20団体のこども食堂の活動内容を紹介
【基調講演】「地域とともに子どもに寄りそう35年の実践から―食と居場所と愛情と―」
講師：荘保共子（こどもの里館長）
【パネルディスカッション】
『ねりまこども食堂』（練馬区）
『石神井ゆうやけ子ども食堂』（練馬区）
『ぞんみょうじこども食堂』（世田谷区）
『はちおうじ子ども食堂』（八王子市）
『みたかやま子ども食堂』（三鷹市）
コメンテーター：栗林知絵子（豊島子どもWAKUWAKUネットワーク理事長）
司会進行：天野敬子（豊島子どもWAKUWAKUネットワーク事務局長）

第3章
私たち地域の子ども食堂

地域が変われば、子どもの未来が変わる！

栗林知絵子

困りごとを安心してつぶやける場を用意する

社会的弱者の中でも、最たる弱者の子どもの声を、こちらからキャッチするには？　そのために、WAKUWAKUでは子どもとナナメの関係の大人が子どもたちと出会う場、関わる場をつくり、子どもが困りごとをつぶやける場を地域に点在化することを目指しています。

ナナメの関係とは、親（縦の関係）でも、友達（横の関係）でもない人のことを指します。例えば、毎週1回、ご飯を食べにきていた母子家庭のS君は「親と2人でいると、息がつまる」と言って、学校や家での出来事やイヤだったことを話していました。友達にいじめられていることを親には言えず、学生ボランティアに打ち明けた子もいました。受験サポートをしたT君にしても、親でも友達でもない私にだから、「高校に行けないかもしれない」とつぶやけたのでしょう。

子ども食堂は、子どもやママが安心して困りごとをつぶやける空気に満ちあふれています。市役所の相談窓口とはちがい、先生でも専門職でも親でもない、地域のおばちゃん、おじちゃん、学生ボランティアが「場」をつくっているから、つぶやけるのだと思います。

子どもは小さければ小さいほど、生まれ育った環境に違和感を持ちません。劣悪な環境で暮らしていても、それが普通だと捉えます。例えば、万年床が敷きっぱなしで、布団の上でご飯を食べ、テレビを見て、小さい頃から洋服のまま寝る生活をしていれば、それが日常になってしまうでしょう。だから、決して自分から相談窓口に行かないし、文句も言いません。

子どもの行動範囲は、せいぜい自転車で行ける範囲です。ひとりで車や電車で出かけることはありません。学校（保育園）と家と、それ以外に行く場所は自分の地域だけなのです。それなら地域という行動範囲内に、子どもが行きたくなる居場所をつくり、子どもと地域の大人が出会う場をつくったらどうだろう。児童館や子ども食堂、プレーパークなど、子どもが自ら集まる場所で、こちらから子どものつぶやきや困った行動をキャッチすることが必要とされているのではないでしょうか。

子どもが行きたい！と思う居場所として

WAWKUWAKUでは、「遊ぶ場」と「学ぶ場」と「ホッとする場」を継続的に開催しています。「子どもに来てほしい！」と願ってつくった居場所です。だから大人の都合で開催したり、しなかったりはできません。決まった曜日・時間に、必ず実施することを大切にしています。大人だったら、行きたいイベントや集会はあらかじめスケジュール表に記入して、午前でも午後でも時間を調整できますよね。

しかし、子どもは違います。「毎週○曜日の○時からやっている」という認識で、行動しています。「また、おいでね！」と言われて翌週来たけれど、その週は大人の都合でやっていなかったら、「あ、もうやってないんだ」と、翌週も翌々週も来なくなる可能性があります。

子どもに来てほしい居場所は、子どもの目線で、子どものニーズに合わせてつくらなくてはなりません。ですから、ひとりだけではなかなか居場所の継続はむずかしいので、ぜひ地域の仲間とともに、資源を持ちよりエンパワメントしながら、楽しく開催してほしいと思います。

とはいえ私自身、実は数年前まで仲間をつくれず孤立して活動していました。数名の仲間はいましたが、どこか気持ちの面ですれ違うことが多かったです。そこで、たとえ一緒に活動しなくても、とにかく地域の中で思いを共有できる仲間がほしい！　そう考えて会いに行ったのが、現在、WAKUWAKU事務局長の天野敬子さんです。不登校・ひきこもりの子ども、ワカモノの居場所づくりに取り組む天野さんなら、居場所についても思いが通じるかも……と考えたのでした。

それから1年半後、豊島子どもWAKUWAKUネットワークを立ち上げて、一緒に活動することになるとは……。あの時は微塵《みじん》も想像していませんでしたが、いま振り返って思うこと――。それは「地域の活動は、地域の仲間をつくる！」、まずは大人同士が信頼できる仲間をつくることが、はじめの一歩なのかもしれません。

子どもの居場所「子ども食堂」のカタチはいろいろでいいのですが、「主役は子ども」であってほしいです。だから「お願いします！」とやって来る子はひとりもいません。むしろ大人が「よく来てくれたね、ありがとう」「おかえり」と温かく迎える、家庭のようなまなざしを大事にしてほしいと思います。

地域が変われば、子どもの貧困は解決できる

第1章で紹介したWAKUWAKUはじめて物語のT君は、高校受験報告会のあと、「今まで生きてきて、一番うれしかった」と言いました。今までの人生で一番うれしかった理由は、会場にいる80名の大人全員がT君の話に耳を傾け、心から彼を肯定したからです。つまり、「ありのままのあなたを応援している」というまなざしで包んだからです。

子ども食堂に来るお母さんは「最近、世の中が変わった気がする。シングルマザーにやさしい社会になりましたよね」とおっしゃっていました。残念ながら社会はさほど変わっていませんが、お母さんがWAKUWAKUの仲間と関わる時間が増えたから、それだけで少し目の前が明るく見えたのかもしれません。

人は、暮らしの中で関わる人、出会う人、しゃべる人が自分への好感を示す、それだけで元気になれるし、次の一歩を踏み出すことができるのです。私は辛いことがあっても、家に帰ると、私を必要とする子どもと、いつもと変わらない義父母、夫が「おかえり」と言ってくれるだけで、自分の価値がここにあると思えます。常に、自分を必要とする人、受け入れてくれる人が近くにいるだけで、人は強くなれるのです。その役割は、家族だけでなく、地域が担うことだってできるのです！

２０１５年に施行された子供の貧困対策に関する大綱には「生まれ育った環境に左右されずに健やかに育つ環境を整備する」「学校をプラットホームに」を掲げています。学習支援により、高校進学を応援し就労へとつなげる支援も盛り込まれています。もしも「地域住民が子どもの貧困に取り組む」とコミットし、子どもたちが生まれ育つ環境に多様な大人が関わり、地域のまなざしを変えれば、子どもたちの成長を伴走し見守ることができます。そして学校だけではなく、保育園や子ども食堂をプラットホームにしたら、親にもつながることができます。子どもと同時に親支援も可能ですので、その効果は2倍以上でしょう。

子ども食堂が社会的役割を担う機能を発揮できるまでには、もっともっと数が増えて、子ども食堂にかかわる人が、より当事者の声を聞き、思いをはせる、子どもを支えるさまざまな支援を学ぶ、貧困問題の構造を知る機会をつくる必要があると考えています。

地域で活動することの醍醐味とは

近年、被虐待児が増加していますが、親が養育できないケースや、保護者のいない社会的養護下にある子どもへの支援には、社会はさほど抵抗を感じません。しかし、親がなんとか自力でがんばっている家庭の子どもには、支援が届きにくい社会のように感じます。自身でなんとか子育てする親や子を地域で支えることが、結果的に社会的養護が必要な子どもを減らすことにつながるのなら、「貧困」に向き合う地域づくりに努力すべきです。貧困問題の解決策は、「当事者ががんばる！」ことではなく、まず地域住民の理解です。子ども食堂の広がりとともに、貧困への理解も広がってほしいものです。

とはいえ一方で、「もっとがんばれ！」「親ならどうして努力しない？」という考え方を含め、まだまだ違う考えや意見があるのが地域の現実です。問題に気づき、考え、子ども食堂をやりたい！ と始めた私たちの活動に対し、「わけのわからない活動をしているやつがいる」「あんな食堂つくれば、子どもの親は怠けてしまう。親が子育てをさぼるだけ」という見方が出るのもまた地域なのです。しかし、必要以上にそれにとらわれることはないのです。

子どもの未来を変えるには、違う意見、批判的な見方をする人に出会い、相手に届く言葉で活動の意義を伝え、少しずつ理解と共感につなげていく、しんどい作業ですが、地域の活動は実はそこが楽しいのです。思い通りにはなかなかいかないけれど、仲間とつながり、対話を通じ、みなさんの心の奥に大事にしているハート（にぎやかに皆で食べるご飯はおいしいね）をつなげるところから楽しみが始まるのだと思います。

さあ、あなたのまちも始めましょう

子ども食堂（居場所）は、食を満たすとともに心も満たしてくれます。人とつながる、ご飯を楽しく食べる中で、子どもには周囲の大人に依存してほしいです。私は、幼少期に「いやいや！」ができて、「ねえねえ、あのね」と言える、安心して依存する環境こそ、自立への近道だと思います。

子ども食堂の成果は参加人数では測れません。数十年後に子どもが自立し、未来を変えていくことが成果だと思います。未来への投資だけでなく、まちづくりやセーフコミュニティ、多世代共生、食育、女性活躍推進などの観点から、居場所づくりの成果を伝えることも必要です。居場所づくりを介して子どもの貧困問題に取り組む重要性を、多様な価値観を持つ人にあらゆる観点から伝え、理解の裾野を広げていきたいと考えています。

量、質ともに住民の力で育まれた子ども食堂は、まちづくりに欠かせないソフトインフラ（居場所であると同時に、相談・支援機関等のアウトリーチ拠点）として定着し、子どもたちとの直接の関わりから、妊娠出産・就学援助・学習・進学・就労・家庭環境といった子どものライフステージに応じた諸問題への気づきや関心にもつながることでしょう。

子ども食堂はひとつのツールでしかありませんが、すべての子どもが「楽しく、おいしいご飯を食べて、たくさん遊び、ぐっすり眠る」という当たり前の環境を守ることとの理解へと認識が広がれば、「子どもの貧困問題」に対する抵抗感は払拭《ふっしょく》され、虐待・貧困をこの世からなくすことができるのではないでしょうか。

子ども食堂を始めた私たちが同志となり、地域に根づいたこの活動が一時の盛り上がりで終わることのないように、貧困問題の解決につなげるための手立てを共に模索しつづけたいと思いませんか。

「夜の児童館」から「子ども食堂」へ

天野敬子

プロローグ

「私ども夫婦は共働きです。2人で働かなければ食べていけません。来年、上の子が小学校に入学します。夜の児童館はどこにあるのでしょうか」。2014年4月、WAKUWAKUにこんなメールが届いた。WAKUWAKUは2012年6月に設立シンポジウムをおこない、2013年8月にNPO法人の認証を取得した。その設立趣旨書に「夜の児童館などの……」という文言を入れた。子どもたちの夜の居場所が必要だという思いがあったので、「夜の児童館」という言葉を使った。豊島区では、保育園は延長保育があり、夜10時まで預かってくれる。といっても、区内3か所しかなく、その保育園にうまく入れるかどうかは激戦となっている。10時まで預かってもらっていた子たちが、小学校1年生に上がったとたんに行き場所を失う。学童は6時で終わってしまう。このご家庭のように大きな壁にぶつかるのである。

「申し訳ございません。現在、まだ夜の児童館は開設できていないのです」とお返事をしたが、それ以降連絡がとれなくなった。どれほど、失望されたことだろうと思うと心が痛む。

「夜の児童館」がオープン

2014年11月に「夜の児童館」をオープンした。場所は、西武池袋線の椎名町駅前にある金剛院の蓮華堂をお借りしている。金剛院の野々部住職は、地域に開かれたお寺をめざして活動されている。蓮華堂は2014年5月に新しくできた施設である。1階にはお洒落《しゃれ》なカフェがあり、地域の方が利用されてにぎわっている。

さかのぼること3年ほど前に、金剛院の本堂をお借りして、クリスタルボウルのコンサートを実施させていただいた。私が代表をつとめる不登校・ひきこもり研究所主催である。といっても、不登校・ひきこもり研究所は、研究はしていない。研究所は単なるネーミングであり、専門家や地域住民や当事者が集まり、支援する側とされる側に分かれることなく一緒に活動していくことをモットーとしている小さなグループである。年間、4～5回、みんなでイベントの企画、運営、実施をすることを活動の柱のひとつとしてきた。

あるときクリスタルボウルのワークショップに参加し、とても素敵なのでぜひコンサートをやってみたいというメンバーの提案により、会場を探すことになった。いつも借りているような区の施設では、「音も悪いし雰囲気出ないよね」という意見が出て、どこかお寺が借りられないかなあという話になった。当時、金剛院さんがバックアップするNPOが「椎名町みとら」という地域サロンを運営されていて、私も別の地域サロンの運営に関わっていたので、連絡をとりあっていた。金剛院の本堂では、クラシックのコンサートなどをされていたので可能性があるだろうと思い、問い合わせた。それが野々部住職にお会いした最初である。

蓮華堂がオープンしたと聞き、夏ごろに見学に行った。そこで、野々部住職に、孤食の子どもたちがいる、その子たちと夜の時間を過ごす場をつくりたい旨をご説明すると、

「天野さん、それはもう待ったなしですね。すぐにやりましょう」と二つ返事でOKをいただいた。

蓮華堂の2階は、天気のよい日には光がさんさんと降り注ぐ広々とした場所で、床暖房まで完備されていて、キッチン付きである。「夜の児童館」を実施するには申し分のないスペースである。

料理をつくってくれるスタッフと、子どもたちと宿題をしたり遊んだりしてくれる学生スタッフは、私のつてで次々と見つけることができた。調理補助をしてくださっているマサさんは、長年、学校の保健室の先生をされていた方で、看護師の資格もお持ちである。始めは引き気味だったのだが、ぜひとお願いして引き受けていただけることになった。いずれのスタッフも、毎回参加して、きちんとコミットしてくださる方たちである。スタッフの年齢や性別も含めたバランスは大事である。

子どもと一緒に支援者も成長する

子どもたちは、小学校3年生から中学校1年生までの5人でスタートした。現在は、小学校1年生から高校1年生までの8人が利用している。8人中5人がシングルマザーの子である。毎週火曜日に、同じ子どもたちを同じスタッフが出迎えて、家庭的な団らんの場を提供している。4時にオープンし、三々五々やってきて、宿題をする子や遊び始める子、今日のできごとをおしゃべりする子など、思い思いの時間を過ごす。お家《うち》と同じようにリラックスして過ごしてもらいたいし、一人ひとりを大事にしたいと思っている。障害のある子は、学童までスタッフがお迎えに行く。6時すぎから夕食である。料理長が心をこめてつくった手作りの料理を大きなテーブルを囲んでみんなで食べる。肉、野菜、ご飯の栄養バランスのよいメニューである。利用者の中に2人、宗教上の理由で豚肉が食べられない子がいる。なので、夜の児童館では豚肉は出ない。ときには、子どもたちの誰かが料理をしてくれることもある。自慢の料理を披露してくれるのである。ふだん、やんちゃな男の子が、ハンバーグをつくってくれたりする。みんなで「美味しいね」と言って食べる。少々照れながらもまんざらではない様子。そんな他愛のない一つ一つの言葉や仕草が子どもた

夜の児童館の夕食の時間

ちのからだだけではなく、心の栄養になっていくと思う。

子どもはみんな価値ある存在である。勉強ができるからとかスポーツができるからとかお手伝いをするからではなく、存在そのものに価値がある。世界にたった一人しかいない価値ある人間である。夜の児童館では否定的な言葉は使わない。できるだけ肯定的なメッセージを投げかける。自己肯定感を育みたい。みんなに自分のことを好きになってもらいたい。生きる力はそこから生まれるものだと思う。

食事が終わると後片付けをして、さあ、今日は何をして遊ぼうか、となる。ウノやトランプなどのカードゲーム、ハンカチ落としやフルーツバスケット、そんな既成の遊びでなごやかに過ごすこともある。が、突然、鬼ごっこやかくれんぼ、道具のない野球、映画監督が出てきて撮影が始まったり、敷物を巻きながら蓑虫《みのむし》のようにぐるぐる転がり始めたり、創造的な遊びが展開することもある。私はこのクリエイティブな訳の分からない遊びが展開するのが楽しみである。それこそが〝遊び〟なのだと思う。WAKUWAKUが運営している「プレーパーク」はそれが思いっきりできる場である。子どもは〝遊ぶ〟ことで成長する。ゲームでは成長できない。

比較的年齢の近い大学生の存在は大きい。大きいお兄さんお姉さんとして場を支えてくれる。利用している子たちは一人っ子も多いので、大学生のことをとても慕っている。精神的に不安定な子は、ときとして辛辣《しんらつ》な言葉を発したり、態度で示したりもする。そんな子どもにも我慢強く接し、あの手この手で関係をつくろうとしてくれる。活動に参加することで大学生も成長していく。それを見守ることも楽しみの一つである。

「椎名町こども食堂」誕生へ

夜の児童館を始めて半年くらいたった頃、「友達を連れてきていいか」とある子に聞かれた。普通の児童館なら、友達はＯＫである。でも、夜の児童館は登録制である。友達を一人ＯＫしたら、またたくまに利用者が倍増してしまう。一人ひとりを大事にできなくなってしまう。丁寧にお断りしながら、子ども食堂を始めようかというアイディアが頭の中をかすめた。その頃、野々部住職より、ＷＡＫＵＷＡＫＵさんでもっと蓮華堂を有効活用してほしいというお話をいただいた。試行錯誤の末、２０１５年11月に、「椎名町こども食堂」をオープンした。金剛院さんは食器類や調理器具をそろえてくださり、飲食店の営業許可までとってくださった。

蓮華堂は、地下にも2階と同じくらいのスペースがある。なので、4時半から6時までを2階で学習タイムとし、6時から7時半までを地下で食事タイム、食事をした子は2階で遊んでいいというスタイルで始めた。毎月第二第四木曜日、8時には閉店である。

料理長は、「夜の児童館」の料理長にお願いしたところ、快く引き受けていただけた。蓮華堂のことも熟知しているし、何より安心して頼める。子ども食堂でボランティアをやりたい方はたくさんいらっしゃるなか、全体のバランスを考えながら、学生さんも含めて15名ほどの方にお願いした。特に地域で主任児童委員をつとめておられるMさんにご協力いただいていることは心強い。また、Nさんは近所に住むムードメーカーで、活動を楽しく盛り上げてくださっている。

キッチンでの準備の様子

本日の献立：肉じゃが

野々部住職も本来業務が入らないときは、毎回、ボランティアスタッフとしてお皿を洗ったりふいたりしてくださっている。とにかくフットワークがよくて感心してしまう。受付を担当しているSさんも心強い仲間の一人である。お金の管理をきちんとしてくださる方がいるのは大変ありがたい。椎名町こども食堂はチームワークが良いのが自慢である。

こうした活動は、ボランティアさんが楽しくなければ長続きしない。余裕のあるときには、利用されている親子に話しかけたりして、おせっかいを推奨している。

お米はいろいろな方からご寄付をいただけていて、購入したことがない。最近は野菜のご寄付もいただけるようになった。自転車で重い野菜を届けてくださるので、本当に感謝している。冷凍会社から魚の寄付をいただいたり、ケロッグさんから朝食用のお土産のコーンフレークをいただいたり、地域の方からお菓子をいただいたり、たくさんの方に支えられて運営している。

子ども一人でも入れる食堂と銘打っている子ども食堂だが、今のところ、椎名町こども食堂は、乳幼児の親子づれが多い。子育ては大変である。たまにはご飯をつくらずに安価で安心して食べられる場所が求められているのだなと思う。椎名町こども食堂は、こどもは無料、おとなは300円。子育てママの交流拠点となっている。

食事をした後の2階の光景が、何ともいえず心地よい。まったりゆったりくつろいでおしゃべりするお母さんたち。はしゃいで遊ぶ子どもたちとボランティアさん。食べることで人が集まりつながっていく。子ども食堂は、そこに集うすべての人にとって楽しい活動だと思う。友達を連れてきていいかと尋ねた子は、毎回、友達と一緒に利用している。残念ながらゲームをしていることが多いが、それもまた彼らの過ごし方なのだろう。

夜の児童館の活動は2年目に入っている。誰でも参加できる子ども食堂とともに、夜の児童館のようなクローズドで安心できる居場所も増えることを願っている。例えば、高齢者の一人暮らしの一軒家に、近所の孤食の子が2、3人やってきて、おせっかいなおばさんもしくはおじさんが料理を作ってくれて、そこに一人暮らしのお腹をすかせた学生も交じる。そんな8人以内のユニットで、疑似家族のように週に1回でも集まれたら、そこに参加するすべての人にとって大事な時間になるにちがいない。

★わいわいガヤガヤみんなでごはん★
椎名町こども食堂

場　所：東京都豊島区長崎1-9-2
開催日：第2・第4木曜 18:00〜19:30
連絡先：080-3402-6739（天野）
参加費：子ども無料、大人300円
URL：http://toshimawakuwaku.com/

地域がリビング、ダイニング

石平晃子

ある日の風景

2週間に一度、子どもたちがこの場所に帰ってくる。「こんばんは、ただいまー」「おかえりー、手ぇ洗ったぁ?」。キッチンで夕飯の支度をしているボランティアさんが、首だけ振り返りながら大きな声で応える。

今日は「池袋こども食堂」がある日。89歳のおばあちゃんが、地域の人が集える場所にしたいとの思いでご自宅を改装され、ぜひ子ども食堂をやっていただけたらと声をかけてくださった。こうして「要町あさやけ子ども食堂」「椎名町こども食堂」につぐ、WAKU

WAKUで3つ目の子ども食堂が誕生した。庭の真ん中に柿の木があるおばあちゃんちは10人座ればテーブルはいっぱい、あとから来た子は隣の和室で待ってもらう。勉強しながら待っている子もいる。ボランティアさんも2人くらい一緒に席に着いて「いただきまーす！」とワイワイ始まる。

ご飯は不思議だ。特に鍋は人と何気ない話ができる、とっておきの装置だ。「お肉ばっかりじゃ駄目よ」と人参を入れたりしながら、受験勉強のこと、家のこと、友達のことなどそれこそ鍋の具のようにいろんな話題が飛び交いながら、夕飯のひと時はあっという間に過ぎてしまう。

手作り看板と柿の木

子ども食堂という第三の場

池袋という地域がら、来ている子は外国籍の子や、親のどちらかが外国にルーツを持っているという子も多い。A君はフィリピンから来た新しいお母さんの弟さんを連れてきてくれた。外に働きに出るお母さんに代わって、生まれたばかりの妹の世話をするため数か月滞在するそうだ。WAKUWAKUで週に一度やっている、池袋こども食堂から歩いて5分くらいの無料学習会に来ているときは、勉強するより学生さんとトランプするのを楽しみにしている、とても人なつこい子だ。日本語と英語、タガログ語でひょうひょうと会話をしている。ネパールから来た子は、キムチチゲも全然辛くないと言って、七味唐辛子をさらにバンバンかけている。

ルーツいろいろが普通の場だからか、ある女の子も自分の片方の親も外国人だと教えてくれた。両親が離婚してからは会っていないそうだが、自分の親のことを当たり前のように話せることは自己肯定につながる一歩だと思う。家庭内では当たり前の話でも、学校では〝違い〟は仲間外れの種になる恐怖があって、知られたくないと思う子も多い。地域にある子ども食堂という第三の場は、小学生からおばさんまで年齢ばらばら、通っている学校もみんな一緒じゃないということもあって、自己開示のハードルが低いのではなかと思う。

女性的な男の子も、その子らしさのまま、おばさまたちとのおしゃべりの輪に入っている。この子をWAKUWAKUに連れて来てくれた方は、初めてこの子が笑ったところを見たとおっしゃって驚いていた。校外行事のお弁当はいつも自分で作っているそうで、先日何にしたらいいか相談された。前はもんじゃ焼きと買った惣菜《そうざい》を入れたそうだ。今回は卵焼きとピーマンの肉詰め。子ども食堂で教えたわけではないけれど、相談できる地域のお母さんたちからのアドバイスを受けて、素敵なお弁当になったぞ！

お母さんたちの力にもなりたい

あるシングルマザー家庭のお母さんは、週6日勤務のうえ、ダブルワークの日もある。この方のお子さんは、ここでやっている「池袋テーブル」という学生主体の子ども食堂にも来ているので、毎週一回は柿の木のおばあちゃんの家に来てくれている。お母さんは一週間に一度、「今日は急いで帰って夕飯を作らなくてもいい日なんだと思えると、本当にありがたい」とおっしゃってくださった。ワンルームのアパートで、いつも2人で生活している親子に、地域という空間と人間関係の拡がりが生まれた。実家が遠く、近所付きあいがないお母さんにとって、少しだけ肩の荷がおろせる時があればと願う。

この方は最初、お子さんの勉強のことで困り果て、私たちに連絡を入れてくれた。無料学習支援のほうに来てくれるようになり、この子は本当に本当に勉強は嫌いなんだなとわかった。テストの気の重さをはじめ、この子がどれだけ学校生活に憂鬱を抱えていることだろうと思うと、勉強がわかることで楽しくなる部分を応援したい一方、勉強と関係なくやりたいことも尊重したいねと、ボランティア同士のミーティングで話し合い、見守っている。お母さんとしては一人で育てる重圧と子どもに向き合う時間がないジレンマがあることだろう。知り合ったのをきっかけに、時々訪れ様子をうかがっている。あるボランティアさんが勉強面での話を1時間以上聞いた時は、最後に「生きるって大変ですねぇ」と思わず口にされた。そんな一言を安心して誰かにもらすことができるのは、ある日気持ちが爆発してしまわないために、とても大事なことだと思う。

いろいろな人がいて当たり前

会社員で一人暮らしの男性が差し入れをもって来てくれた日、たまたまコミュニケーションに特徴がある、いわゆる発達障害と言われている子が隣の席だった。ハイテンションでずっとしゃべりながら一緒に鍋をつついた。帰り際玄関で「あの子、精神的にちょっとおかしいことないですか？」と聞かれた。日ごろ接点がないのだから、戸惑ったのも当然だったかもしれない。でも街にはいろいろな人が生きている。いつの間にか似通った暮らしの人との付き合いになってしまいがちだし、そのほうが安心で無意識に選んでいるとも言えるだろう。発達障害がある人、性的マイノリティーの人、生活保護で暮らしている人、精神障害を抱えている人、外国籍の人、シングルで子育てしている人……その支援を考えようというのはどこかおこがましい気もする。支援したいと思う人自身が、その人たちの生きにくさの一端を担ってしまってはいないか。地域で一緒に生きている者同士だという意識が浸透し、いろいろな人が当たり前に顕在化するきっかけ、子ども食堂にはそんな役割もあるようだ。

進学応援チャリティーランチ会

この春、無料学習支援に来てくれていた中3の子全員が都立高校に合格して喜んだのもつかの間、進学にかかる費用がもろもろで14万円ほどになり、用意しきれなくて困っているという相談があった。制服、指定のジャージや体操着、教科書、かばんや靴、定期券。

いくら授業料が無償化されたとはいえ、自己負担もかなりある。月末はいつも家計がぎりぎりになる暮らしの中で、わかっていたとはいえ用意しきれない。そんなあるお母さんの声を池袋こども食堂で共有し、食堂メンバー主催のチャリティーランチ会を開くことになった。ネパール人のお父さんが協力を申し出てくださり、本格カレーランチをメインにメニューが決まっていった。学習支援ボランティアでデザインの仕事をしている人は看板を作ってくれた。練馬の子ども食堂の方は大きな保温鍋を貸してくださったり、カレーの運搬をしてくださった。いつもご協力くださっているお寺さんも、果物のおさがりをたくさんお持ちくださった。

当日は天気にも恵まれ、100人以上の方々がご来場くださり、思いをシェアできた素敵な一日を皆で創れた日だった。子どもたちもエプロンつけてお運びのボランティアをがんばったし、お母さんも一日ずっと台所で果物を切ったり洗い物をしたりしてくれた。子ども食堂を自分の地域でやってみようか思案中だった方も、場の力に触発されて「ぜひやってみようと思います!」とおっしゃっていた。

お金の困りごとは他人にはなかなか相談しにくい。まずある一人の方が安心して相談してくれた。そしてキャッチした困りごとをシェアできる仲間がいて、さらに地域の学習支援と子ども食堂の活動が有機的につながり、自分たちでやってみる行動につながった。いくら思いがあっても一人で何万円も支援するのは到底無理だが、このアクションで最終的に4家庭に約5万円ずつの進学応援金をお渡しすることができた。子どもたちにはお金と同時に、仲間と小さな自治を実践する大人たちの存在そのものが贈り物になったのではと自負している。

つながりの貧困をなくすお手伝い

今の日本で本当に食に事欠く子がいるの？　と衝撃を受けた多くの人たちが、とにかく何かしたいとの思いで動き出した。「おいしい！」「お腹一杯！」と喜んでくれたらそれでいい、という思いが子ども食堂のスタートラインだ。しかし、お金がなくて本当に大変な思いをしているという訴えを、月に2回開催の子ども食堂が根本的に解決できるわけではない。私たちが今できていると思うこと、それは温かいご飯の用意と、食事を介して〝人とのつながりの貧困〟をなくすお手伝いではないかと思う。親であれ子であれ、一人で抱え込んで自分を追いつめないでほしい。人のつながりの回復は、支援している立場の人も享受させてもらっている。「一人暮らしで鍋なんてやらないから、今日はすごく楽しかったわ」というボランティアさんもいた。実はお互い様の存在で、地域ですれ違っている人が出会える場なのである。

ひな祭りのちらし寿司

安心して帰れる場所

子どもは（当事者の親御さんも）無料で食べられる食堂。ご飯がただで食べられるってどんな仕組みなの？　と思うものだが、なんとか続いている。子ども支援の助成金申請が通ったことは大変ありがたいことだが、それだけでは続かない。ボランティアのお申し出はもとより、自分たちの地域で踏みだした人がどんどん出てきている。労働とは違う自分の活かし方や喜びを模索している人、消費と所有の文化に疑問を持ち始めた人、何か行動したいと思っている人など、新しい価値観を探る中、食事をとるという誰にとっても取り組みやすいテーマが具体的な「子ども食堂」という形を与え、支持が拡がっていったのではないだろうか。そして子どもたちに、お金の介在がなくても生き合う社会を作れることを伝えている意義は大きいと思う。

自然の恵みを感じにくい都会で暮らす子どもたちは、ともすればお金がすべてと錯覚しやすい。その〝すべて〟が乏しい家庭だとしたら、不安やあきらめがつきまとい、未来を考える余裕がなくなってくる。しかし、家を一歩出たそのあとも、地域にはリビングがあり、ダイニングがあり、ここはホームだという感覚を持って育ってくれたら、少し、心丈夫になってもらえないだろうか。

安心して巣立つには、安心して帰れる場所が必要なのだ。

★わいわいガヤガヤみんなでごはん★

池袋こども食堂

場　所：WAKUWAKUにお問い合わせください
開催日：第1・第3木曜 17:30～20:00
連絡先：090-3519-3745（栗林）
参加費：子ども無料、大人300円
ＵＲＬ：http://toshimawakuwaku.com/

「プレーパーク」から「子ども食堂」へ

山本道子

プレーパークって何ですか？

「プレーパークのワークショップに参加してください」

当時の地域の育成委員会のM会長と地元のT町会長は、そう話を切り出されました。2002年の夏頃のことです。聞けば、豊島区が区制70周年の記念事業の一つにプレーパークを造るとのこと。

私はこれまで、3人の子育てをしたときはボーイスカウトに、その後も青少年育成に関わっており、子どもたちの育成にはそれなりに関係を持ってきましたが、「プレーパーク」

「ワークショップ」という単語は全く未知の言葉でした。

何をするかは正確には分からないものの、青少年の育成には関わりがあるということは分かりました。それでともかく、月1、2回の会議には参加することになりました。そこで初めて出会ったのが、現在、WAKUWAKUの理事長を務める栗林さんです。世代は一回り以上異なりますが、私の孫と栗林さんのご長男が同じ小学1年生ということもあり、すぐに打ち解けるようになりました。そして、栗林さんと切っても切っても別れられない運命に入っていきました。

プレーパークの開設と運営

池袋本町のプレーパークは、地元ではもちろん初めての試みでした。場所は、JRの社宅の跡地が東京都の防災ひろば（4000平方メートル）になったところに造ることになりました。これだけの広場の運用に関することなので、さまざまな団体の方々がさまざまの意見を言ってなかなか話がまとまらず、結局オープンまでには1年かかりました。

こうしてたくさんの人々の意見や、ご協力のおかげで設置にまでこぎ着けましたが、いざ開園を迎えると当初数十人の委員の方々がいらっしゃいましたが、その後ほとんどの方がお辞めになり、結局残ったのは栗林さん、私とその他の方3人、合計5人です。現在まで残っているのは、栗林さんと私の2人です。この人数で継続できたのも、当初はもちろん、現在まで援助いただいている豊島区役所の方々のご協力の賜物だと思います。

また、プレーパークに一番近い我が家が、プレーパークの鍵の管理とプレーパークで出るゴミの処理を担当することになりました。ところが、当時の地域の方たちには、地域に根ざした形の運営というものが理解できていませんでした。このため、ご近所からプレーパークへのお叱りをしょっちゅういただきました。

毎週土曜日には火を使用していますが、広場がキャンプ場になっている、火の煙が洗濯物について臭くなる、夏になると子どもたちが水道の水で水浴びしているのが無駄遣いだとか、本当にさまざまありました。

そのたびに、ご近所に理解を求めるために、謝ったり、ご説明に伺いました。

プレーパークのプログラム

子どもたちがプレーパークのワークショップの中で一番やってみたいことのナンバーワンに、ウォータースライダーがありました。２００３年8月23日、池袋本町プレーパーク開園、その記念すべき日にウォータースライダーをさせてあげたい。どうしたらできるだろう。素人考えの案を同じ町会のＯさんに相談すると、経費そっちのけで1日だけの立派なウォータースライダーを作ってくれました。子どもたちは大喜び、夏だったので同じ町会の仲間たちが流しソーメンも作ってくれた時はただただ感謝のみ、そして地元がいくらかプレーパークを理解してくれたことに、体の中に安堵感が流れたのを覚えています。

縁とは本当に不思議なものだと思います。２０１５年の夏に東京豊島ライオンズクラブの創立50周年記念イベント事業で、ＷＡＫＵＷＡＫＵに対し、多額のご寄付のお話をいただきました。これにより、４００人もの子どもたちに、お腹一杯のお肉や焼きそばをご馳走してあげられただけでなく、ウォータースライダーも作っていただきました。なんと同じ町会のＯさんが入っていらしたライオンズクラブだったのです。

普段のプレーパークは、当日の最後には元の状態に戻すことが約束でした。東日本大震災の時以外は、毎年毎年1日だけの巨大なウオータースライダーを作っていただいており、プレーパークの夏の象徴となっています。

プレーパーク閉鎖の危機とリニューアル

プレーパーク地が小・中学校の新校舎建設用地になるため、閉鎖することになりました。せっかく地域に根づいたプレーパークをつぶしてしまうのはもったいない、地元にプレーパークを残そうと、リーダーシップを発揮したのが栗林さんと当時のプレーリーダーたちでした。

実は私はこの頃、子宮がんと大腸がんを患い、夫も同じ時期に大腸がんになり手術を受けました。幸い初期でしたので2人とも無事健康を取り戻せたのですが、今度は同居の義母の認知症が始まり、自宅介護になりました。一時はいろいろのお役を全部降ろさせていただこうと考えていましたが、栗林さんとのつながりで現在に至っています。

もちろん地元の方々の支援がなくては成り立ちません。当時の豊島区のT課長のお力添えと栗林さんたちの粘り強い活動の結果、結局少し離れた公園の一角に新プレーパークを造っていただくことになりました。そして、WAKUWAKUというNPOの傘下に入り、現在に至っています。2016年度からは若いバリバリの常勤プレーリーダー2名（男女1名ずつ）が頑張って子どもたちを見守ってくれています。地域のママ友やパパさんたち、近隣の高齢者の方々、地域のさまざまの分野の方々が見守ってくれています。

午前中は近くの保育園の子どもたちでにぎわっています。午後はそれぞれの子どもたちがそれぞれ自由にやりたいことをやって楽しんでいます。

プレーパークの運営は現在、WAKUWAKUのもとで行っています。WAKUWAKUは学習支援や子ども食堂、夜の児童館という活動を行っていますので、プレーパークに来る子どもたちの中からそれぞれにつながっていきます。塾に行けない子は学習支援に、孤食の子どもたちは子ども食堂につながっていきます。

子ども食堂を始めようと決意

WAKUWAKUの中では私はプレーパーク担当だったので、子ども食堂にはほとんど関わっていませんでした。栗林さんからこのプレーパークに近いところで子ども食堂をやってくださいと、会うたびに言われていました。

1年前に義母も亡くなり、自分の時間が自由になったこともあり、すこし考えはじめていたころでした。2015年の暮れの寒い夕方。要町のあさやけ食堂がいろいろと取り沙汰されるようになり、私も見学のつもりで子ども食堂に行くことになった時のことです。約束の時間になっても栗林さんが現れないので、どうしたものかと待ちくたびれていた時、なんと栗林さんはMプレーリーダーと2人で、プレーパークから4歳、5歳くらいの子どもたち3人を自転車に乗せて、40分くらいかけて子ども食堂にやってきたのです。私は少しショックを受けました。

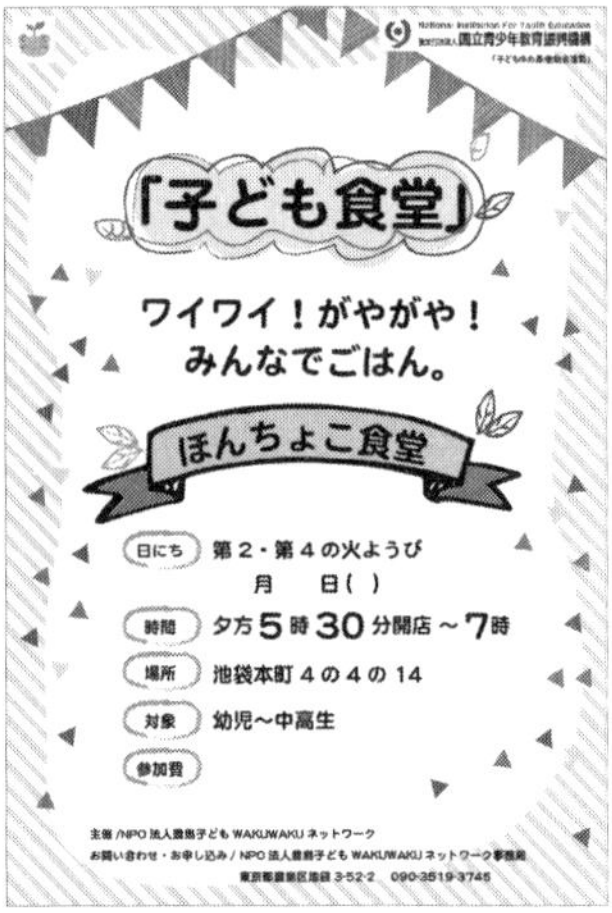

ほんちょこ食堂の告知ポスター

こんなにまで子どもたちのためにと頑張っているんだ。そして、この子どもたちにとっては必要な子ども食堂なんだ、と改めて思いました。このことがきっかけで何十分もかけて、まして寒い中歩いて行かなくても済む子ども食堂を始めようと決意しました。

まずは、場所がなくては始まりません。幸いいろいろなところに声をかけていた中の1人で、私と一緒に保護司をされているNさんに相談したところ、「碁会所をやめたので、そこでよかったらどうぞ」と言ってくださいました。

また保護司の先輩で、NPOで野菜作りをされているIさんも野菜を無償でくださるという運びになり、一気にスタッフ集めに入りました。マスコミでも取り沙汰されている子どもの貧困に、心を痛めている人が数多くいらっしゃることも話を進めていくうちに分かりました。スタッフもすぐに8人集まり、お手伝いをしたいという方がまだまだ多くいらっしゃるのですが、いまは軌道に乗るまで待っていただいている状態です。みなさんが子どもの貧困に対する思いを共有し、地域の中で1人でも、月に1回でも楽しんでもらえる場所ができたらと準備をすすめ、2016年5月24日に第1回の子ども食堂をオープンしたところです。スタッフの中には訪問看護士をされている方が2名、精神カウンセラーの方もいらしてとても心強く思っています。

池袋本町プレーパークの周りに小っちゃくてもいい、あちこちに子どもの居場所や、子ども食堂ができて、地域

★わいわいガヤガヤみんなでごはん★

ほんちょこ食堂

場　所：東京都豊島区池袋本町4-4-14
開催日：第2・第4火曜 17:30〜19:00
連絡先：090-5520-9784（山本）
参加費：子ども無料、大人300円
URL：http://toshimawakuwaku.com/

でみんながつながりながら、輪が広がったらいいなと思っています。

ちなみに、いけぶくろほんちょうと小さい食堂なのでちょこっとしかできないので、「ほんちょこ食堂」と名付けました。この〝ちょこっと〟をあちこちに開いていけたらと願っています。

子ども食堂を入り口とした
行政機関・専門家との連携

松宮徹郎（弁護士）

「子ども食堂」で本当に子どもが救えるのか？

子ども食堂が全国的な広がりを見せています。

他方で、子ども食堂の取り組みについて一定の評価をしつつも、月に数回の子ども食堂で、本当に、子どもを救うことができるのか？　子どもの貧困の問題を解決できるのか？　など、言わば、子ども食堂運動の限界を指摘する声も少なからず聞こえてきます。これはとても重要な指摘だと思います。

もちろん、子ども食堂だけですべてが解決できるわけではありません。しかし、子ども食堂が、地域における子ども支援の拠点であるためにはどうあるべきか、子どもの貧困問題解決のために、子ども食堂でどのようなことができるのだろうか、それを試行錯誤しながら考えていく必要があるのではないでしょうか。そして、成功事例を共有するなどして、子ども食堂の運動を量的にだけでなく質的にも深化させていくことが必要です。

ここでは、その一つのあり方として、子ども食堂と弁護士などの専門家との連携について考えてみたいと思います。

「子ども食堂」＝「子ども支援の入り口」というイメージ

「子ども食堂」は、子どもの側から見れば、栄養バランスのとれた食事を食べられる、大人数で食事をすることで「団らん」の楽しさを感じ、社会とのつながりを感じることができるなどの意義があると思います。

しかし、先に述べたように、子ども食堂は毎日やっているわけではなく、月に数回程度です。栄養バランスのとれた食事といっても、これくらいの回数ではなかなか根本的な栄養改善は難しいかもしれません。では、子ども食堂の意義をどのように考えればいいでしょう。

子ども支援という観点からは、「子ども食堂」は、子ども支援の「入り口」として重要な意義があると思います。

例えば、子どもは、何かトラブルを抱えていても、直接行政の相談窓口には行きません。地域の大人が「困っていることがあれば相談しに来なよ」と言っても、なかなか難しいでしょう。では、「ご飯を食べていきなよ」だとどうでしょう。子どもたちにとっては行きやすいのではないでしょうか（これは、子どもだけでなく大人も一緒だと思います）。

ＷＡＫＵＷＡＫＵが豊島区内で行っている子ども食堂の報告を聞いていると、1回の子ども食堂で、100食分の食事をつくったなどということを聞きます。子ども食堂の「引力」のすごさが分かります。

「子ども食堂」には、さまざまな子どもやその保護者の方がご飯を食べに来ます。もちろん、右記の100食の中には特に支援が必要ではない子ども含まれていると思います。ただ、何らかの支援を必要としている子どもや保護者の方に接した場合には、「子ども食堂」だけで完結させずに、ぜひ、（信頼関係を形成したうえで）他の適切な支援制度・支援機関につなげてあげてほしいと思います。

そして、その際には、子ども支援・生活支援について問題解決のスキルを有する弁護士、社会福祉士、行政職員（CSW等）など、コーディネーター的な役割を果たしてくれる人の協力を得られる体制があると、より有効な支援が可能になります。

銚子市の事件

ここで、みなさんにある事件について考えていただきたいと思います。

2014年9月、千葉県銚子市で、県営住宅の家賃を滞納して立ち退きを迫られた母親が（母子家庭・娘中1）、自らが自殺することで娘を公的な保護（児童養護施設など）に委ねたいと考え、強制執行の当日に娘が登校した後で自殺を図る計画を立てたものの、当日朝、娘が学校に行かないという計画外の事態となり、急遽《きゅうきょ》、母子心中を思いたち、娘を絞殺して、自らは死にきれなかったという事件が発生しました。

この事件は、社会に衝撃を与えました。この母親は、千葉県から、県営住宅からの立退き訴訟を提起され訴訟になっていたものの体調を崩して訴訟期日に出頭しなかったため、明け渡しの判決が出されていました。母親は、市役所に生活保護の申請にも2回行きましたが、結局、申請自体はされなかったそうです。

この事件についてはいろいろな意見もあると思いますが、このような事件を二度と繰り返してはならないということは誰にも異論がないと思います。

この母子のように本当に生活に困っている人は、生活保護によって救済されるというのが本来、法律の想定しているところです。そして、憲法25条では、「健康で文化的な最低限度の生活」が保障されており、それを担保するために生活保護の受給権が認められています。しかし、現実には、生活保護の受給開始について行政側が非常に消極的な態度をとるケースが多く、この母子のケースのように、生活保護がうまく機能しない場合もあります（生活保護の要件を充たすのに、生活保護を受けられないなど）。これでは、憲法で保障されている権利も絵に描いた餅です。

弁護士としてこの事件を見た時、この母親に誰か弁護士がついていれば、このような悲劇的な結末にならなかったのではないかと思ってしまいます。

例えば、生活保護の申請については、弁護士が生活保護の申請に同行して生活保護が受給できるように行政と交渉することができます。そして、その際の弁護士費用は弁護士会から弁護士に対して支払われ、依頼者は負担しないでいいという制度があります。

ただ、一般の人でこのような制度を知っている方は多くないですし、この母子のように、生活に困窮して、切迫した状況に陥った人にとって、弁護士に相談しようという発想にはなかなかならないのだと思います。おそらく、弁護士は敷居が高く、「お金がかかる」「こんなことを依頼してもいいのだろうか」などと思ってしまうのではないでしょうか。

みなさんの「子ども食堂」にこの母子と同様に、「家の立ち退きを迫られている」「どうしていいか分からない」というような方がいらしていたとしたらどうでしょう。弁護士や、行政職員と連携する体制があれば、相談内容を共有することで何らかの解決を図ることができるのではないでしょうか。

子ども食堂は、支援の入り口として、このような困窮した人を弁護士などの専門家につなげる場所として機能する可能性があると思います。

豊島子どもWAKUWAKUネットワークにおける支援体制

次に、WAKUWAKUにおける、支援体制のイメージについて説明します。

WAKUWAKUは現在、豊島区内（わずか半径2～3キロの範囲）で表のような複数の

表　NPO法人豊島子どもWAKUWAKUネットワーク◉主な取り組み

ジャンル	名称・開催場所	開催曜日
プレーパーク	池袋本町プレーパーク （池袋本町公園内）	【毎週】水～日曜（祝日）
無料学習支援	池袋WAKUWAKU勉強会 （区民ひろば池袋集会室）	【毎週】火曜
	クローバー （上池袋まちづくりセンター）	【毎週】水曜
	クローバー朋有 （区民ひろば朋有/ジャンプ東池袋）	【毎週】木曜
子ども食堂	要町あさやけ子ども食堂 （豊島区要町）	【毎月】第1・第3水曜
	椎名町こども食堂 （豊島区長崎）	【毎月】第2・第4木曜
	池袋こども食堂 （豊島区池袋）	【毎月】第1・第3木曜
	ほんちょこ食堂 （豊島区池袋本町）	【毎月】第2・第4火曜
シングルマザーの交流会	ポコアポコ （がんばれ子ども村）	【毎月】不定期で日曜

出典：NPO法人豊島子どもWAKUWAKUネットワークHPより
http://toshimawakuwaku.com/

活動（事業）を行っています。

私は、このうちの無料の学習支援活動に主に関わっており、その活動も今年で6年目になります。「貧困の連鎖」を断つという観点からは、子どもたちが、将来、自立して生活できるだけの学力・知識を獲得していく必要があり、勉強が苦手で、どのように勉強したらいいか分からない子どもや、塾に通いたいけど費用がなく十分に通えないというような子どもには、ぜひ学習支援活動の場に来てほしいと思います。

ただ、活動をしていて難しいと思うのは、子どもたちに「勉強しに来なよ」と誘っても、やはり勉強は気が重いのか、なかなか来てくれません。これに対して、「子ども食堂」「プレーパーク」は、子どもたちを惹《ひ》きつける力が強く、子どもたちと関わりを持つきっかけとして非常に有効です。

また、子どもが、「子ども食堂」「プレーパーク」に継続的に来てくれているうちに、そこにいるスタッフと信頼関係ができて、「実は勉強で困っている」「受験したいんだけど、どうやって勉強したらいいか分からない」などと打ち明けてくれることがあります。その場合には、子どもたちを学習支援活動につなげます。また、学習支援活動に来てくれた子が、勉強した帰りに子ども食堂でご飯を食べて帰るというような連携もあります。

さらに、子ども食堂、プレーパークに来てくれている子どもやその保護者の方が、借金問題、離婚問題、DV、学校でのいじめなど、より深刻な悩みを抱えていて、専門的な支援を要する状況に陥っている場合もあります。そのような場合には、本人の了承のもと、弁護士、行政職員などと連携をして問題解決にあたります。私は、2014年の設立時からWAKUWAKUに理事として関わっていますが、これまでに、いくつかの相談を受けています。

弁護士と連携をするには？

このように、行政、弁護士、学習支援団体などと連携することで、子どもに対して非常に有効な支援を行うことが可能になると思います。

行政との連携の窓口はいろいろと考えられます。市（区）役所の、①子どもの問題を担当するセクション（子ども課、子育て支援課など。呼称は自治体によって異なります。以下の②③も同様です）、②生活困窮者自立支援法に基づく相談、自立支援、学習支援等の業務を担当するセクション（生活自立支援課など）、③生活保護に関する業務を担当するセクション（福祉課など）などが、主に関係すると思います。

また、私もＷＡＫＵＷＡＫＵでの活動に参加するまであまり認識していなかったのですが、地域福祉のコーディネーター（連携役）として「コミュニティーソーシャルワーカー（ＣＳＷ）」（呼称は自治体によって異なります）を配置して積極的に活用している自治体もあります。ＣＳＷの役割は自治体によってもさまざまだと思いますので一概には言えないですが、うまく連携できると、「地域」に根ざした子ども食堂を運営することが可能になるのではないかと思います。その他にも、連携先としては、地域の民生委員、児童委員、保護司等が考えられます。

これらの機関に連絡をして、一度、子ども食堂に見学に来てもらい、子ども食堂の活動の趣旨などをお話しして、支援が必要そうなご家庭に案内をしていただくということが連携の「きっかけ」になると思います。

また、弁護士との連携ですが、普段から子どもの問題に取り組んでいる弁護士の中には、「子ども食堂」の活動に興味を持っている人も多いと思います。すでに、弁護士が子ども食堂に関わっている例がいくつかあります。

伊藤由子弁護士（弁護士法人多摩パブリック法律事務所）は、東京都昭島市の子ども食堂

「あきしまこどもクッキング」の運営メンバーの1人として関わるとともに、子ども食堂関係者と東京都の多摩地域の子ども食堂のネットワーク作りにも取り組んでいます。

伊藤弁護士は、2016年1月に、WAKUWAKUの栗林さん、天野さんから、子ども食堂について話を聞いたのをきっかけとして、勤務先に近い昭島市の子ども食堂「あきしまこどもクッキング」に参加をし、同年5月には、同食堂の代表者とともに、「多摩地域のこども食堂交流会」を開催しました。参加した団体のニーズに応えて、子ども食堂を安全にかつ安心して実施できるよう、周囲の弁護士とともに、関係する法規制を整理して、パンフレットなどを作成する取り組みも始めています。

伊藤弁護士は、地域の大人が地域の子どもと関われる（見守り・育てる）〝場〟を作り、必要な行政や弁護士との連携を作りたいとの考えから、子ども食堂の活動に関わっており、今後は、アウトリーチするために、キッチンカーの利用も考えているそうです。

この他にも、子ども食堂で、「生活相談」「お悩み相談」などと銘打って、弁護士が出張して、子ども食堂に参加する方の相談にのるという試みも始まっています。

弁護士との連携については、地域によって事情もさまざまだと思いますので、「こうすれば連携ができます」というような確立された方法をご紹介するというのは難しいのですが、考えられる方法としては、各地の弁護士会に子どもの問題に取り組む委員会があり、そこに連絡をして協力を求めてみるということがありえます。また、子ども食堂の参加者が、具体的な問題を抱えている場合には、その地域の「法テラス」の事務所において無料法律相談を申し込むことが可能です（収入、資産の要件がありますので法テラスで確認が必要ですが、私の印象としては、要件はそれほど厳しくないと思いますので、ぜひ勧めていただきたいと思います）。

子ども食堂の可能性

ここまで述べてきたこととは少し異なりますが、「子ども食堂の意義」などあまり難しいことは考えず、とにかく活動を継続していくことが重要なのではないかという考え方もありえます。

子ども食堂には、子どもの貧困の問題を広く世の中の人に伝えるという効果（機能）があり、その活動が継続されていること自体が子どもの貧困問題解決のために有効と言えます。

子どもの貧困の問題は、数年前までは、そのような問題があることをほとんどの人が知らず、子どもの貧困という問題が存在すること自体を説明する必要がありました。しかし、ここ数年で、人々の、子どもの貧困の問題に対する認識は一気に高まっています。

これは2013年6月に、子どもの貧困対策法が成立したことなどの影響もあるかもしれませんが、やはり、子ども食堂が果たした役割は相当大きいと思います。子ども食堂がマスコミなどに取り上げられ、全国に広がるのに伴って、子どもの貧困の問題も世の中に認識されるようになっていったと言っても過言ではないと思います。

子どもの貧困の問題を解決していくためには、もちろん子ども食堂だけでは不十分です。しかし、児童扶養手当の拡充、給付型の奨学金の創設など、高額の予算を要する政策を実現していくためには、世の中の人々に子どもの貧困の問題が優先度の高い社会的課題であることを広く認識してもらい、これを解決することについて国民的な合意が形成されていく必要があります。

子ども食堂が一過性のブームで終わることなく地域で継続していき、子どもの貧困の問題を世の中に伝え続けてくれることを期待したいと思います。

子どもコミュニティソーシャルワークの新しいモデル⁉

子ども食堂のミッションを考える

西郷泰之（大学教授）

時代感覚に優れた子ども食堂の取り組み

WAKUWAKUの栗林さんも含めて「子ども食堂」を始めた人たちは、本当に時代感覚に優れていると思います。これまでも生活課題への支援は取り組まれてきましたが、「子ども食堂」にはいろいろ新しい切り口が隠されています。まず「子ども食堂」という楽しげなネーミングで明るいイメージがあり、特別な人でなく誰もが利用でき、誰でもが実施できる感じで、かつ「食事」という温かく、皆が集まりやすい、ホッとでき、心を許し合える素材を使っていることなどです。

しかし、その裏で活動の焦点は、子どもとその家庭の貧困問題や生活課題への支援にあたっているのです。見事な見せ方、見事な仕組み、見事な巻き込み方だからこそ、日本中で反響を呼んでいるのだと思います。

子ども食堂ってどんな活動？

子ども食堂とは、簡単にどんな活動か概観してみましょう（市民セクター政策機構〔2016〕『社会運動』No.421、ほんの木、などを参考）。

多くの子ども食堂でその主な利用（支援）対象となっているのは生活に困難を感じている子どもやその家庭です。こうした子どもや家庭との出会いは多様です。

WAKUWAKUの栗林さんの場合は、プレーパークで出会っています。普通に遊びに来ていた子どもたちの中で、栗林さんのことを自分の味方だと思ってくれた子どもたちが、自身のピンチな状態を話し、それを栗林さんが正面から受け止めて、具体的な問題解決のアクションにつなげているのです。夜の児童館の活動も同じ経緯で誕生しています。

WAKUWAKU以外の子ども食堂の成り立ちも似ています。路上生活者の夜回り活動をしている団体、ホームレスの人にパンを配布していた個人、子どもたちへの学習支援活動団体、在日外国人への日本語教室、高齢者や障害児者への支援している団体、子育て支援団体、食を大切にしている生協、不登校など青少年の居場所を運営している組織、子どもの貧困へのアクションを目的にしている団体などが、日々の活動の中で困難な子どもや家庭に出会い、見過ごすことなく正面から受け止め実践につなげているのです。日々の実践の中で課題意識を高め、即応できる体制ができていたところばかりです。

こうした市民系の活動が展開される一方、子ども食堂には新しい流れが存在します。住民系の活動と言えるでしょう。普通の地域住民が、自分の資源である自宅をひらいて、またはこうした活動に協力して子どもや家庭への支援を始めている点が特徴です。最近、自宅をひらいた活動が活発のようです。カフェやパン屋や、私設の学び舎、子育てサロン、私設図書館、園芸教室、そしてジョギングステーションまでいろいろあります。自宅を活用して社会に貢献し、社会とつながっていく活動の一つとして発展しているようです。しかし、これらは決して新しい実践ではなく、30年以上前にも木原孝久氏が『家をひらく』という書籍を出し、住民による地域福祉の推進を実践活動を踏まえて提案されていました。つまり、住民が自らの力で地域貢献・地域交流するための王道の一つなのかもしれません。

これらの団体・個人が出会った子どもたちは、親の帰りが遅い子ども、前日からご飯を食べていない子ども、車の中で暮らしていた子ども、高校の入学のための費用を払えない子ども、不登校の子ども、外国籍の子ども、家族と過ごす団らんがない子ども、障害児、ネグレクト状態の子ども、女性性の強い男の子などです。

また、出会った家庭としては、シングルマザーの家庭、父子家庭、生活保護家庭、家族関係不全の家庭、母親が精神疾患の家庭、親がアルコール依存の家庭など生活困難に追い詰められ「誰にも何も言えなく」なっている家庭などです。

また、子ども食堂を始めている団体は、自らより深く学ぶ姿勢を持ち学習や情報収集もしています。例えばシングルマザーの理解のための講座に参加したり、子どもの食育講座に参加したりするなどです。

それだけではありません。地域のいろいろな機関・施設・人を活用して活動を豊かにしています。寺院の集会施設、社会福祉協議会の集会施設、個人宅・自宅、児童館、地域の高齢者、地域在住の外国人、そして子ども自身にも参加してもらっているのです。

孤立は子どもやその家庭だけの問題ではありません。「一人暮らしでは（みんなで囲む）鍋はやれない」と話す地域の高齢者がこうした活動に関わることで、高齢者の孤立も予防でき、生きがいにもつながっています。高齢者に限らず、食事は親しい誰かと一緒がいいに決まっています。

子ども食堂とコミュニティソーシャルワーク

子ども食堂の取り組みは多様で幅があるようですが、その多くは、ＷＡＫＵＷＡＫＵの子ども食堂のように子どもや家庭の生活上の困難に焦点化し支援に取り組んでいます。ソーシャルワークの支援対象は、佐藤豊道氏（東洋大学教授）の定義によると「何らかの生活課題に直面している福祉サービス利用者」とされています。なんだか重なりを感じないでしょうか。

子ども食堂の支援対象は、子どもであれば誰でもいいとされているので、スティグマ（差別的な汚名の烙印《らくいん》）はないですが、しかし実際は絞り込みがされています。そもそも「普通」の子どもたちは家庭で食事をとる、特に夕食は間違いなく家庭です。しかし、子ども食堂が提供している食事は、夕食です。ということは結果的に「普通ではない」状態にある子どもたちに焦点化されているわけです。つまり、佐藤氏の言う「何らかの生活課題に直面している福祉サービス利用者」なのです。ソーシャルワークの中の新しい潮流である「コミュニティソーシャルワーク」に、子ども食堂の取り組みは酷似しているように思います。

子ども食堂をはじめWAKUWAKUのいずれの活動も、プレーパークに来た学力不足で学校から見放された子どもや学費が払えない子ども、孤食や欠食の子どもたちなど生活に困難を感じている子どもや家庭を正面から受け止め（ニーズの発見）、個別援助を重視してスタートしています。公的な貸付制度などの社会的なサービスを活用し、サービスがなければ学習支援の場をつくり、学費のカンパを募り、夜の児童館をつくり、子ども食堂をつくるなどサービスを開発するというフォーマル、インフォーマルな支援、地域資源のすべてを使った支援（プランニングと支援の実施）をしています。とりわけ子ども食堂は、地域の主体的な力を高めるために、誰もが参加できる楽しい素材である「食事」を活用しています。居場所機能もあることから、子どもたちや家庭の状態の変化も継続的に把握し、支援内容を調整（モニタリング・評価）することもできます。最近、子育て支援や福祉の領域で「利用者支援」という言葉がありますが、まさにこれもコミュニティソーシャルワークのことを指すと言ってもよいでしょう。

子どもも食堂の活動は、ニーズの発見、プランニング、支援の実施、モニタリング、評価という展開プロセスを、個別支援と地域支援、フォーマルとインフォーマルの支援を統合して実施していることから、食事を象徴的なプログラム素材（支援のための方法）に位置づけた、住民系のコミュニティソーシャルワークなのです。

子ども食堂のこれから——ミッションを明確にすること

子ども食堂というネーミングでの取り組みではないものの、これまでも飲食機会を活用したさまざまな実践が見られました。沖縄のある児童センターでは、孤食や欠食の子どもたちと一緒に料理をつくって食べる活動を毎週実施しています。同じく児童館の活動としては、長い夏休みに学童クラブに行っていない中高学年の子どもたちの孤食を解消するため、昼時間に弁当やカップラーメンなどを一緒に食べる機会を提供した例や、子どもたちが自分で食事をつくって食べる活動などもあります。プレーパークでは、屋内外での夕食会の実践、住民活動では、コミュニティカフェや、町会会館を活用した食べ物を持ち寄り夕食をみんなで食べる活動、ひとり親の自立のために飲食店の経営をまかす活動が取り組まれてきました。

一方、カナダやアメリカなど海外でのユースセンターでの青少年の非行防止のための取り組みとして、または青少年支援の居場所づくりのプログラムとしてのラウンジプログラムなどが有名です。なかでも食事や飲み物を使った話し合いや交流の場づくりの活動なども開発され、日本でもグループワークの方法として活用されています。世界のフードバンクの活動を見ると、子どものための朝食提供のプログラムやキッズカフェ、休日や夏休み中などの給食プログラムなども実施されています。

2015年より国の施策である「ひとり親家庭・多子家庭等自立応援プロジェクト」の中の「子どもの居場所づくり」には、夕方から夜間に「生活習慣の習得、学習支援や食事の提供等」を行う事業が位置づけられ、また子どもの貧困対策のための国民運動の一環としての「子供の未来応援基金」（日本財団）の未来応援ネットワーク事業でも助成の対象に食事の提供が入ってきています。

小さな地域の活動であった子ども食堂ですが、子どもの貧困問題が社会問題化する中、急速に活動が活発になってきています。今後も、子ども食堂の原点でありミッションである、「子どもの生活困難の改善・解消に向けた、子どもの味方・子ども本位の地域支援拠点」であることを重視し、楽しく明るく、家庭や地域住民・機関を巻き込んで活動を発展させていくよう強く期待したいと思います。

こうした方向性を見失い、単なる「食事を使った一過性の楽しいイベント」に収れんさせることなく、「子どもの生活課題の解決」というミッションを明確に持った活動でありつづけることを願います。

コラム

WAKUWAKUホームスタートを始めたのか？

荒砥悦子

訪問型の新しい子育て支援

ホームスタート。何となく温かな感じがする言葉ではありませんか。これはイギリスではじまった、家庭訪問型の子育て支援ボランティアの制度です。具体的には、地域の先輩ママ（ホームビジター）が乳幼児のいる家庭を訪問し、ママの話を聞いたり、ママと一緒に赤ちゃんのお世話をしたりして、ひと時を過ごします。

ビジターさんはホームスタートの研修を受けるので、守秘義務や傾聴ができる人ばかりです。この活動を週1回、1か月程度続けます。「それだけで何が変わるの？」と思うかもしれません。この支援を利用したママの声を拾ってみましょう。

「ほんのささいな事であっても、話を聞いてもらえて気持ちが楽になった」

「ホームビジターの訪問準備のため掃除をして部屋がきれいになったり、ホームビジターと話をしたりすることでストレスが発散できてスッキリした」

「ホームビジターの経験談を聞いたり、ホームビジターが子どもと接する姿を見たりしたあと、自分も同じようにやってみて上手くいったりするなど、子育ての仕方がわかってきた」

そして、実際にこれまでの利用者アンケートで93％のニーズが解消されたことがわかっています。

ところで、ホームビジターは交通費だけは出してもらいますが、無償でこれを行うのです。ホームビジターに聞いてみると「活動が楽しいからやっているのであって、お金をもらってやることではないから」といった答えが返ってきます。

これはお金による上下関係が生まれるのを防ぐためであり、利用するママの負担を小さくするためでもあります。なにより、この活動が善意と友愛から始まっている活動であることの証《あかし》です。

私自身の体験と「子育てグループきりょう」の活動

私はWAKUWAKUに参加する前、「子育てグループきりょう」という小さな母親のグループで独自に活動を続けていました。子どもたちを育てる中で気になったこと、悩んでいることなどを話題にして母親たちが集まり子どもを脇に見ながら、調べたりしゃべったりしていました。

「子育てグループきりょう」の活動で講演会を開いたり、アンケート調査を行ったりしているうちにだんだん見えてきたことがあります。それは、講演会に来てくれるのは元気で健康的であまり心配のない親子であること。本当に困っている親子はなかなか出て来られないし、誰も気付けないし近づけないのです。

そうして振り返ってみた自分の子育ては、やはり孤独なものでした。夫の両親と同居していたので人手はあったのですが、精神的には孤立していました。その頃、母乳育児にこだわっていた私は、夫の両親から見たら「赤ちゃんが泣いてもあまり出のよくない母乳にこだわって、なかなかミルクをあげない冷たいお母さん」と見えたのでしょう。

今となっては夫の両親の気持ちもわかるのですが、私は私で初めての子育てで緊張していたのです。一番の相談相手となるはずの夫は仕事が忙しく、また、両親と私の間の板挟みでピリピリしていました。友だちがほしいと思っても、どこに行けば親子連れに会えるのか、だいたい新生児を抱えて外出ができるのか、悩んでばかりいました。

そんな中で、子どもが1か月になった折、「新生児訪問」といって保健師さんが家庭訪問してくれることがありました。ああ、誰か大人と思いきりおしゃべりができる。それもいろいろわかってくれそうな保健師さんだ。本当に楽しみで楽しみで、当日も子どものこと、自分のこと、家族のこと、いろいろと聞いてもらい、あっという間に時間が過ぎました。

また来てくれないかなぁ、とずっと期待していましたが、次の子が生まれた時まで訪問はありませんでした。ちょっと考えただけでも、豊島区で赤ちゃんは毎月1７０人くらい生まれていて、区内に保健師さんが何人いるのかはわらないけど、気になる家庭には何度も訪問するとなったら……人手が足りないんだろうなぁというのは容易に想像がつきました。

私の場合、子どもが3か月を過ぎ、外出がしやすくなってからは外に出ていくようになり、「子育てグループきりょう」の活動につながっていきました。私が孤立していたのは最初の子が生まれてからの3か月間という短い間でしたが、精神的にはかなりしんどい3か月間でした。

ホームスタートから始まる絆づくり

そんな経験をしているので、ホームスタートという支援があったら自分も利用していただろうなと想像できます。いろいろと心配なこと、聞いてみたいことが山ほどあるけど、相談できる人がいない。双子や手のかかる子がいて自分ひとりではなかなか外に出ていけない。だけど、近所の親切な先輩ママが損得なしに話を聞いてくれたり、一緒にお出かけについて来てくれたらどうでしょう？

人生が始まる場所である家と地域——それをつなぐ最初の一歩になりたい、というのがホームスタートのココロです。

ステキな先輩ママのいる地域で子育てできる幸せ。

そして利用者ママが次の新米ママのために何かをする。

WAKUWAKUがその場づくりに協力できたらいいなぁ。

ホームスタートから始まる絆づくりに大きな夢が広がっています。

第４章

座談会
子ども食堂のミライ

──子ども食堂はなぜ必要か?

栗林知絵子◉６人家族で大学生、高校生の男児２人の母。WAKUWAKU理事長。

西郷泰之◉大正大学児童福祉プロジェクト研究所教授。WAKUWAKU理事。

――本書の形がそろそろ見えてきた2016年7月17日、池袋にあるＷＡＫＵＷＡＫＵの事務所に、本書の編集委員４人の方にお集まり願い、子ども食堂の未来に向けての課題や展望を、ふだんどおりの語り口で話し合ってもらいました。（文責：編集部）

専門性は出さずにやっているってところがミソ

西郷　子ども食堂の特徴として、近所の普通の人がやっていることの良さが出ると一番いいと思います。専門家だったらいいという話ではなくて、なんかちょうどいい頃合いの住民の人たちが、ハードル高くなく、でも自分の生活の中で「良い加減で」うまくこなしてやってます、というような雰囲気。

天野　ほんとそうです。こないだ、ある雑誌に子ども食堂の記事が出ていたんですけど、やっぱり専門家がいないところはダメだ、という発言があったんですね。で、なんか私、「それは違う」って思ったんです。あと、制度とかサービスにきちんとつなげないと意味がない、ともありました。でも、それはその専門家がつなげばいいことであって、そこにいる人たちすべてがやる必要はないし。やっぱり、専門家がいないからこそ、あの雰囲気が出せるんだと思うんですね。ほんとに楽しい感じが。

西郷　そう。例えば、活動の担い手を専門家と市民系と住民系といったふうに分けると、ここは住民系って感じが強い。居ていいんですよ専門家は、居てもいいんだけど、住民臭

天野敬子◉不登校・ひきこもり研究所代表。WAKUWAKU事務局長。

松宮徹郎◉弁護士。池袋市民法律事務所所属。WAKUWAKU理事。

さがきちんと出るように、気配は消して横に居る、みたいなね。

栗林 この前、ある学生から話を聞いたのですが、その子は母子家庭で育って、兄弟は児童養護施設で生活し、自分1人が家庭で育ったんだけど、地域の人が、運動会の時にその子の分もお弁当を作ってくれて。「1つ作るのも2つ作るのも一緒なんだから、これ持っていきなさい」と。そういう地域の人の関わりが、ほんとに今の自分をつくっていると言っていたんです。そこに専門性はまったくないんですよね。

天野 だから逆に言うと、専門家がつなぐことができる大事な社会資源だと思うんですよ、子ども食堂自体が。スクールソーシャルワーカーやコミュニティソーシャルワーカー、あと、民生委員や子ども家庭支援センターは、見守りましょうって言って見守るんですけど、何もできないですね。ほんとに見守ってる、遠くから（笑）。

松宮 なるほど。たしかに、見守っていて何かあれば、児童相談所の一時保護所になってしまう。それでは極端ですよね。中間的なつなぎ場所というのがないんですよね。

天野 ないんです、今のシステムの中では。でも、子ども食堂につなぐことによって、専門家もほんとに「見守る」ことができます。実際に、子ども食堂や夜の児童館を、行政の人が見守りの場としてうまく活用しているケースもあります。だから、専門家にとっての大事な社会資源を地域住民がつくっているとも言えます。

栗林　プレーパークもそうですが、本当の意味での有機的な「見守り」をつくることができる場ですよね、子ども食堂は。

学校がうまく関われていない⁉

天野　そこで今一番残念なのは、学校がうまく関われていないこと。先生は個人的に関わってくれることはあるんですが、教育委員会としてとか学校としてとなると、なかなか難しいところがありますよね。

西郷　そうですね。そこを住民のパワーとか、学校から言えば使い勝手をちゃんと理解してもらわないといけないですね。

天野　仮に現場の先生は、気になる子がいて、子ども食堂につなぎたいと思っても、教育委員会や学校としては、「いい」とはなかなか言いにくいと思います。学校の先生が、手をつないで連れてきてくれると、子どもは来やすいんですけどね。

栗林　現状では、それは難しいよね。だからこそ今、子ども食堂全国ツアーを計画しているんです。それは、子ども食堂をやってる人たちを広げるのはもう自然に広がるんだけど、先生など周囲の人たちが、子ども食堂につなぐことによって見守りができるんだということをもっと啓発していかないと、この場が全然生かされないという問題意識ですね。

天野　地域住民の数ってすごいので、その人たちが、今はちょっとずつ動き出しているのが、もっとすごい数で動き出したら、それはすごく変わると思うんです。

松宮　今回、WAKUWAKUが地域でやっている学習支援活動では、教育委員会の後援をいただきました。教育委員会も少しずつ、地域の活動に理解を持ち始めているようにも思う。でも、教育委員会の後援を得れば、現場の先生たちが子どもを連れてきてくれるかといったら、当然、そうではないです。先生たちが子どもを地域の活動につなげてくれるためには、実質的にそこが子どものためになるということを理解してくれないと、つないでくれないと思う。子ども食堂も学校の先生にとって分かりやすく、こういう点で子どもにプラスになるんだっていうのを積み重ねることで、自然と先生が子どもために動いてくれるんじゃないかと思います。そういう意味では、栗林さんの啓発活動も重要だし、もう少し時間が必要だと思います。

天野　あと、学校との連携では、やっぱりスクールソーシャルワーカーがもっと頑張らないとダメだって私は思っていて。学校の中に入っているソーシャルワーカーなので、もちろんつなぐこともできるし。要するに、地域に子ども食堂をつくることとかソーシャルアクションをしていくのは、当然スクールソーシャルワーカーがやらなければいけないことなので、そうした意識をもっと持つべきと思います。

栗林　スクールソーシャルワーカーには、もうちょっと小学校のところで関わってほしいですね。中学生を子ども食堂につなぐのは難しいかもしれないけど、小学校低学年とかでスクールソーシャルワーカーが関われば、ほんとご飯食べにくるだけで、そこから地域との関係が生まれますものね。

天野　そうそう。食べ物があるって大きなことですよね。

栗林　問題が深刻化して初めてつながるんですよ、スクールソーシャルワーカーに。

天野　今はそうですね。

栗林　ちょっと気になる程度のところでつないでくれれば、ほんとにいいと思う。

西郷　そういうグレーな部分っていうか、スクールソーシャルワーカーは予防的な部分も担っているというのが本来で。実際はスクールソーシャルワーカーの多くは、ケースにどう対応すればいいのかっていう個別ケースのマネジメントだけに集中しているけど、それに加え地域支援の視点を持ってくれるといいですよね。

栗林　困難になってから関わったら、スクールソーシャルワーカーも忙しいと思うんです。だから、そこで10の力を注ぐよりも、予防のところで1の力でその子を地域につないだほうがよっぽど効率的だよね。

西郷　その予防のところが、地域住民は一番得意だと思うんです。

栗林　そうですよ。

天野　だからホームスタートなんですね。

西郷　そう。地域住民の得意な活動はホームスタートであり、子ども食堂でもあって。やっぱり地域住民だから、予防のところは地域住民のパワーでなんとかなる部分です。でももっと深刻化すると、子ども食堂の応援だけじゃなくて、いろいろな機関につないだりとか、弁護士さんをお願いしたりとかっていうことになるわけで。だから、地域住民だからこそできるところはけっこうあると思うんですよね。

天野　特にその段階で子どもともつながり、母親ともつながる。母親も問題が深刻化する前につながることができるし、一緒にご飯を食べたりもできるんですよね。それが年数経っちゃうと、もうお母さん自身がすごく孤立して、追い詰められた状態になってしまっていることが多いので。

地域で子どもを見守るためのネットワーク

栗林　このあいだね、文京区の子ども家庭支援センター長だった鈴木秀洋さん（現在は日本大学危機管理学部准教授）が、文京区で多様な民間団体も交えた要対協（要保護児童対策地域協議会）みたいなネットワークをつくったというお話をされたんです。専門機関だけでなく、それこそＮＰＯや水道、ガス、それからコンビニとか新聞販売店とかいろいろ含めた、子どもの支援のためのネットワーク組織です。文京区子どもおせっかい地域ネットワークという名前でした。

天野　大阪の「こどもの里」の荘保共子さんもそれをやってますよね。というか荘保さんがやったことが要対協のモデルの一つになったというふうに本人はおっしゃっているんですが。やっぱり専門の関係機関だけじゃなくて、実際ほんとに見守ってる人たちが、中学校区ぐらいで話し合う場があるというのを私は目指したいと思ってるところなんですけど。

西郷　要対協の幅がね、ちっちゃくて。例えば、児童館で要対協のメンバーになっているところは3割強。学童クラブが要対協のメンバーになっているところなんか全国的にみてもほとんどありません。児童館や学童クラブですらそうだから、コンビニまで入っているなんて、すごいですよね。

栗林　そこに子ども食堂もみんな入ってね。

天野　そうそう。もちろん。

西郷　福祉の歴史からみると、家庭に入っていくためのソーシャルワークの王道として取り組まれたのは、子どもなんですよ。要は、子どもから入っていくのが話しやすいっていうこともあるし、地域の人たちみんなが関心を持つという共通話題でもあって、子どもの問題をきっかけに家庭に入っていって、家庭の貧困にともに取り組むという。学習支援でも、子ども食堂でもそういうアプローチもやってますよね。

松宮　子どもが地域の人の共通話題というのは、WAKUWAKUの活動をしているとよく分かります。この子はこういうところを頑張っているとか、こういう面もあるとか、そういう話を関わっている大人同士でするのが結構楽しいというか……。自分の子どもでもないのに、あれはなんなんですかね。そういうのが自然に増えていくといいと思いますね。でも、大人が普通に生活していると、地域の子どもと直接接する機会がないんです。私も子育てをしていますが、自分の子どもの同級生とかは少し分かりますが、それ以外の子どもは近くに住んでいてもまったく接点がないです。地域の子どもと大人が自然な形で接点を持てる場所というのは意外とないですよね。

栗林　それなら、いろんな人たちが町で集まれるきっかけに、子ども食堂はなりますよね。

西郷　そうですね。2015年9月に厚生労働省の「新たな福祉サービスのシステム等のあり方検討プロジェクトチーム」が報告をまとめ、要は分野領域を問わず総合的にサービスを提供しようというのがねらいなんだけれども。その中のキーワードの一つが包括的な相談支援かな。つまり、子どもから入っていくけど、その家庭の包括的な相談も支援をするんだっていう視点だとも言えますね。また、もう一つのキーワードが「分野を問わず総合的にサービス」です。この本の本文にあったけど、例えば高齢の方で、お鍋は一人で食べてもおいしくないと、もう何年もしたことないと言っていた方が、子ども食堂をやることでお鍋ができたみたいな。高齢の方の孤立という問題と、子どもの孤食とか貧困とかという問題をくっつけて、両方OKみたいな場にね、子ども食堂はなっているわけだから。

栗林　子ども食堂は、なんか総合型、共生の拠点みたいな可能性がありますね。

西郷　子ども食堂って楽しげなネーミングとしてはあるけど。でも、実践的には地域で切っているので、地域だとやっぱり分野横断的になりますよね。

天野　他にもいろいろと地域での活動はありますけど、やはり子どもの引力はすごいというか、人を集める力が強いと思います。

栗林　子どもの貧困って聞いたら、どうにかしなきゃって思う人は多いですよね。

天野　お腹いっぱい食べていない子がいるって聞いたときに、それはなんか食べさせたいっていう、何かしたい人たちがいっぱいいるんですよ。

地域住民の主体性を大切にする組織とは

西郷　ここで話題を変えて、民間活動の運営について考えたいと思います。厚生労働省のプロジェクトチームがまとめを発表したり、地域福祉っていうことを声高に言いつつあるのも、行政がなんでもかんでもできる時代はもう終わりました、ということを暗に言ってるわけで。むしろ地域住民の人たちの支え合いということについての期待は、もうだいぶ膨らみつつあると思います。例えば、少し前まで子育て支援に取り組むNPOに必要なものといったら、「ヒト・モノ・カネ」という答えが返ってきた。つまりボランティア活動ではなく、活動を仕事化・有償化して持続可能性を高くすることに大きな力を注いでいました。子ども食堂をやる人たちの中に、仕事化・有償化するために安定して運営するためのお金がほしい、みたいな考えってあるんでしょうか？

栗林　お金は出ないよね、子ども食堂にはねえ。

天野　いや、「子供の未来応援基金」とか。今、そういう助成金が整備されてきてもいます。

西郷　それから行政のほうも。学習支援を含めて国の事業でもお金が出る仕組みができていますよね。

天野　あと久留米市とかもね。子ども食堂への補助金があるそうですね。

栗林　うーん。でも、そこらへんは、私たちの思いとはなんかちょっと違う気がするな。

西郷　そう。そこはなんなんでしょうね。NPOって今はかなり一般化し、広がりを見せているけど。だけど、ある意味NPOの多くが行政の下請けになっているわけですよ。例えば子育て支援関係のNPOって、地域子育て支援拠点事業を受託したり。で、今まではボランタリーにやっていたのが、ちゃんとお金をもらうようになると、ちゃんと労働としてできるようになっているわけです。それはそれでいい、安定性があるのでね。いいんだけど……。要は行政の委託事業なので、事業内容が金太郎飴みたいに今なってて、なんか住民性というのが消えつつあるような気がして。子ども食堂はワーって盛り上がってきてるから、住民の人たちがもう自主的に自由にやってて、とても住民性が高いと思うんだけど、行政がいい意味でも支援に入ってきて助成金を出しますよということになってくると、住民性の観点からはどうなんでしょう。いや、出し方の問題かもしれないけど。

天野　でも、「あさやけ」だってゆめ基金を取って始めているし、助成金は全然問題ないと思うんですよ。ただ、事業委託になったときにすごく問題で……。

西郷　そうそう。そうです。

天野　だから、たくさんの学習支援はほんとに縛りの中で、地域とのつながりなくやっているところが今多くなっているので、すごくよくないなと思うんですよね。久留米市が助成金として20万とか30万出しますみたいな、別にそれは大丈夫だと思うんです。

栗林　その程度がいいんでしょうね。逆に、行政はネットワークをつくるところに頑張ってほしいです。行政としてできることとして、「助成金を出しますよ」ではなく、「ネットワーク化して、必要な人に情報を届ける」というところ。

松宮　事業委託の場合の窮屈さというのはあると思います。これは、事業委託という形態をとるうえでは仕方のない部分もあるのだと思いますが、例えば、子どもの貧困をテーマに活動するＮＰＯが地域の公園の運営について事業委託を受けたとします。そして、公園に遊びに来ている子どもの中に気になる子どもがいれば子ども食堂などにつないで、地域で見守れないかと考えると思います。でも、その部分は行政からすると目的外だからやめてほしい、純粋に公園の運営に徹してほしいということがありえます。ＮＰＯとしては、公園の運営に子どもの貧困対策という視点を付加することで、プラスアルファの効果が見込めるのではないかと新たな提案をして、チャレンジをさせてほしいと考えていても、なかなか、そこにチャレンジさせてもらえないという感じがあるのではないでしょうか。それが窮屈と感じるのだと思います。行政にもいろいろな事情があると思いますが……。

栗林　子どもが暮らすには、そのどれもが必要だっていう視点が、あんまりないのかなあ。

松宮　行政にある視点が欠けている場合に、「こういう視点がありえますよ」という提案をしていくところにＮＰＯの活動の意義があるのかなと思います。行政の考え方が不十分だと感じても、それを嘆いたり非難するだけで終わるのではなく、ＮＰＯの活動を通じて前向きな提案をしていくことができると思います。また、行政も住民の間で、子どもの貧困の問題が優先度の高い社会的な課題だという共通認識が出てくれば、それに沿った視点を持って行政活動を行うことになると思います。逆に言えば、行政にある視点が欠けているという場合には、その課題について、まだ社会的な問題意識が十分に確立していないということなのだと思います。そういう意味では、住民から独立して行政があるとか、さらに立法があるのではないわけだから、子ども食堂に来た地域住民が、子どもと接して、多様な子どもがいるとか、貧困で困っている子どもがいるということを知って、何とかしたい、何とかするべきだという気持ちを持ってもらえて、それが社会の共通認識というか雰囲気になっていくと、自ずとそれが行政の視野を広げていき、行政の活動も変わっていくことになると思います。

西郷　そういう自由度というか、住民の主体的な思いや活動をベースにして、社会の未来が切り拓かれていくわけですね。行政が社会の未来を切り拓いてる主体ではないということで、私もまさにそう思うんですよ。だから、今の日本の民間団体の育て方が、あるいは育てられ方が問題な気がして。例えば民間の助成金っていろいろありますよね。キリン福祉財団とか、今度は日本財団とかいろいろ。

天野　中央労金とか。

西郷　そうですね。そういうところはいろんな事業を、立ち上げを応援することに力を入れています。それはそれで役割はあると思うんですよ。ただ、イギリスの場合は、日本の

ＮＰＯの迫力なんかの１００倍ぐらいのすさまじいＮＰＯがあって、純粋に行政からの委託事業じゃなく、収益力もあり民間活動が保障されているっていうか。また、民間の助成団体の数も多いようです。つまり、日本でいう行政からの委託事業じゃないんですよ。委託だと、どうしても住民の自由度とかが減るので。だから今の子ども食堂が一部補助のような形で運営できるんだったら、なんか妙にもらわないほうがいいのかなっていう気もするんだけど、そこはどうなんですか。もらわないとやっぱり厳しいよね。

天野　民間の助成金を取ってやっているんですよ、ＷＡＫＵＷＡＫＵも。だから何もないと、持ち出しばっかりにどうしてもなっちゃうんですよね。

西郷　そうか。立ち上げの何年間とかっていう期限付きなんですか。

天野　ゆめ基金は長く出るんです。

西郷　少額だといいのかもしれないですね。団体が大きくなってそれがないと運営できないっていう事態になると、住民主体という一番大事なところが消えてしまって。

栗林　組織の大きさの問題もあると思いますね。絶対ちっちゃいほうがいいと思うんです。ここで活動できるって、ＷＡＫＵＷＡＫＵのこのちっちゃさって、この町のことしかやらないっていう、そこがまたいいんだと思いますね。

西郷　子ども食堂もＷＡＫＵＷＡＫＵ以外でも、全国にいっぱいあるわけで。小さなものでも、いっぱいあったほうがいいっていうか。

天野　そうですよ。もちろんそう。

西郷　なんか、組織や活動の維持に汲々《きゅうきゅう》とするよりも、元気なくなって、なくなっちゃってもいいんだっていう気楽さというか。行政の制度になっちゃうと絶対に続けなきゃいけないみたいな、歯を食いしばってもというのがないところ、なんかお仕事感覚入っていないところが子ども食堂のいいところかなと思うんですよ。

栗林　そうですね。2～3人仲間が集まればやってみようかって言って、やってそこになんだかあとから気がついてみるとボランティアがいっぱい来てるみたいなね。組織が小さければ小さいほど自由度が高いですよね。

子ども食堂のリスク管理と今後の可能性

松宮　今ちょっと不安に思っているのは、これだけ全国に子ども食堂が広がっていくと、リスクというか危機管理の部分が心配です。それぞれの子ども食堂で保険にしっかり入るなどの対策をしてほしいと思いますね。これだけ子ども食堂が盛り上がっているのに、例えば、食中毒とか、どこかが一個事故を起こしたらみんなが活動を自粛するようになってしまうのは残念なので。損保会社などに子ども食堂に適した保険商品などを考えてもらえるといいと思うのですが。もしくは、行政のほうでそういう保険を整備してもらうとかですかね。

栗林　子ども食堂のつくり方講座のQ&Aでも紹介したけど、保険に関しては、松戸の「こがねはら子ども食堂」をやっている高橋亮さんが、保険会社に交渉して子ども食堂に特化した保険をプランニング中なんですって。すごいですよね。それから、世田谷区の老人給食会「ふきのとう」の平野覚治さんは、随分前にボランティア給食を継続して実施できるように働きかけて、東京都は条例をつくったんですって。だから、東京都には集団給食の届出という制度があると聞きました。なので子ども食堂がもっともっと広がったら、新しい仕組みができるんじゃないかと思っています。それから老人給食や高齢者のデイサービスなどが、子ども食堂とコラボして食でつながる拠点づくりができるといいなと思って。

西郷　一緒にやってもいいですしね。

松宮　そういえば、子ども食堂を始めたところ、利用する人がいっぱい来すぎてしまって、運営する側が困ってしまうという話をたまに聞きますよね。孤食の母子世帯とかそういうところに一番来てほしいのだけど、地域の幼稚園の子どもたちとお母さんたち、1クラスがまるごといらして、それはそれでありがたいのでしょうけど、一番来てほしいご家庭が遠慮されてしまうので、どうしたらよいか……というお話ですよね。そういうお話を聞くと、子どもの貧困とはまた別の視点というか、子ども食堂には、さらなる可能性があるような気もします。子どもの貧困とかそういう視点を抜きにしても、子育てのお母さんたちが気軽に行けて、楽しく食事ができる食堂というか、そうしたニーズも高いということではないでしょうか。

栗林　そういう食堂も、ないよりはあったほうがいいですよ。

天野　子どもの貧困という視点からすれば、お金があればファミレスとかに行ってもらうということになりそうだけど（笑）。

栗林　ある意味そういう人たちは、なにか制度につながることができる人で、それこそ子育て拠点に行ける人たちだと思うんですよ。仲間もつくれるし。

松宮　たしかにファミレスは分かるのですが、おそらく、ファミレスでは応えられないニーズがあるのでしょうね。手作り的なところを求めているのかなと。

天野　そうなんですよね。なんか求められているものもすごく分かっていて、ほんとに心苦しい……。でも、実際に子ども食堂を運営していると、あまりにもたくさんの人が来て、100食を超えてしまうこともあったんですよ。それでもうボランティアもいっぱいいっぱいになって、キッチンも狭いし、もう限界、これ以上増えたら困るっていう状態になってスタッフとも話をして、仕方なく、ご遠慮いただくような貼り紙をするということもありますよね。

栗林　そうなんです。たしかに心苦しいのですが、本当に子ども食堂が必要で来てねって言ってた人が、あまりに人がいっぱいで、「もうなんかいいです」となっちゃったら、本当に意味がないわけで……。

松宮　ただ、普通に子育てをすること自体が大変な社会状況なので、子育ての世帯からすれば子ども食堂のようなところは本当にありがたいですよね。ファミレスで外食というのとは、まったく違うというか、なんか手作り的なところとか、暖かみとかに惹かれるんですよね。

西郷　コミュニティカフェとかね。ああいうなんかできないですかね。昔の地域福祉の本で木原孝久の『家をひらく』って本があるんですよ。それを探そうと「家をひらく」のキーワードで検索してたら、最初に住宅検索サイトSUUMO（スーモ）がヒットしましてね、そこには家をひらいてるいろいろな例がバーって出てきて。WAKUWAKUも出てて……。

天野　あさやけ子ども食堂が出てましたね。確かに家をひらいてますね。

西郷　で、そういう……まあ、レストランとしてひらいたり、音楽、コンサート会場でひらいたり、それから、子ども食堂でひらいたり、あと、庭をひらいて園芸とかいろんな。そういう家をひらくキャンペーン事務局みたいなのがあると、より豊かになりたいという人たちも利用できるようなものができるのかなって思います。だから、子ども食堂からいろいろ発展がね、子どもの貧困の系統の活動がどんどん発展していくってこともあるだろうし。それから、地域のコミュニティをつくるっていうことでの発展もあるだろうし、家をひらくほうの発展とか。今はまだ始まったばっかりなので徐々に芽が出ている状況だと思うんだけど、発展が見えるような気がしますよね。

栗林　こうしなきゃいけないっていうのがない分……。

松宮　そうですね。なんか別のニーズをつかめるような気がする。発展、まさにそんな感じ。ところで、いま住宅の話が出ましたが、WAKUWAKUには、もう一つ別に夢があるんですよね。

天野　はい。WAKUWAKUホームをつくりたいと思っていて。WAKUWAKUには今拠点がないんですよ。この事務所は一応あるんですけど、それ以外の場所というのは子ども食堂のときだけ借りているとか、学習支援は公共施設を借りてというかたちで、常設の拠点がまだ一つもないんですね。それで、ほしいなっていうのが一つあるのと、やっぱり食の支援とか学習支援とか、もちろんそういうのは必要なんだけれども、ひっくるめて、やっぱり私たちは泊まれるところが必要だと思っているんですね。例えば、虐待をしてしまいそうで悩んでいる親御さんがいて、その子を数日間預かってあげるとか。

西郷　子どものシェルターみたいなイメージ？

天野　シェルターなんですけど、今あるシェルターがカバーできないような、親の合意のもとに、もう少し柔軟に使ってもらえるようなものを考えています。

栗林　週に1回のお預かりとかね。

天野　そうそう。例えば、お母さんが仕事の遅い日だけ、じゃあ今日1日お泊まりね、とか。あるいは、ほんとに不登校になっていて、自宅の環境がゴミ屋敷で、お母さんが先に家を出て子どもを起こせない家とかだったら、平日は預かって学校に行かせ、土日は家に帰ってお母さんに甘えておいでとか、そういう親子が少しだけゆとりを持って生活できるような場所。今は、そういうことをやりたいと考えると児童相談所の一時保護所になってしまう。これではあまりにも極端です。みんなそれは分かってる、でももう今現実にはそれしかない状態の中で、WAKUWAKUとしてそういうショートステイ的なことを提供できる場がほしいと思っていて、そのためには一軒家、かなり広めの一軒家がほしいんです。で、今探しています！

第５章

あなたの街の子ども食堂

＊ここに収録された33団体は、WAKUWAKUも参加している「こども食堂ネットワーク」の定例会で本書の趣旨に賛同し、協力してくださった子ども食堂さんです。なお、記載された情報は、2016年７月現在のものです。

☆みんなでつくる憩いの場☆

八千代オハナこども食堂

茨城県結城郡
八千代町菅谷 898－156

開催日：第 2 木曜 17:30～20:00
連絡先：0296－48－1538（秋葉）
メール：kadoya.mmr@jewel.ocn.ne.jp
参加費：子ども 100 円、大人 200 円

★始めたきっかけ

私自身の子育てが一段落した時期に、テレビでちょうど子ども食堂の存在を知りました。今の時代にご飯が食べられない子どもがいるという事実に衝撃を受けて。

★活動内容・特徴

農業の盛んな土地柄ですので、豊富な野菜を中心とした誰にでも作れる家庭料理を提供しています。旬の野菜を中心に調理をし、食材を通して季節を感じてもらえるよう心がけています。この春から活動を始めましたが、親子での利用がとても多く、各家庭のコミュニケーションの場にもなっているようです。また、お母さんが子ども食堂を利用することにより、日常の息抜きの場にもなっているようです。

★開催してみて感じたこと・考えたこと

今のところ、子ども食堂の周知が十分ではなく、意外と子どものみの参加が少ない状況です。ただ、普段は家では食べない野菜を子ども食堂では食べてくれたり、お母さんに子ども食堂で食べたものと同じ料理をリクエストしてくれた！ などの話を聞くと、活動の励みになります。子どもに地域の居場所を提供することはもちろん、保護者の皆さんにも一休みできる場を提供し、地域のコミュニケーションを深めていければと考えています。

☆ママもニッコリできるアイディア大集合!☆

MAKANAこども食堂

栃木県河内郡

上三川町上三川5067−12　上三川の家

開催日：毎週水曜・金曜 17:00～20:00
連絡先：090-4010-8549（皆川）、090-3245-5243（菊地）
メール：makana.kaminokawa@gmail.com
ＵＲＬ：https://www.facebook.com/Makana-747003528759038/
参加費：子ども300円、大人500円

★始めたきっかけ

子どもが笑顔でいられるために、親もニッコリできる環境が必要だと感じていました。そんな時、子ども食堂という存在を知りました。幸い食事を提供できる場所があり、地域とのつながりづくりや子どもの居場所づくり、パパママ支援をしたいと考えて始めました。

★活動内容・特徴

安心・安全な居場所や食を提供しています。料理は、化学調味料不使用です。ビュッフェスタイルで、自分で食べられる量を考えて取り分けます。昭和レトロな一軒家で開催しているので、おばあちゃん家《ち》に来たような、のんびりと落ち着いた時間を過ごせます。

★開催してみて感じたこと・考えたこと

みんなで食卓を囲むと、いつもよりたくさん食べたり、あまり口にしないものも、ついペロリと食べてしまうなんてこともあります。年の違う子ども同士で一緒に遊び、親も互いに子育てなどの相談や情報交換をしています。そのような光景を見ていると、子ども食堂は食事の提供のみならず、さまざまな支援へ発展できる可能性を感じています。

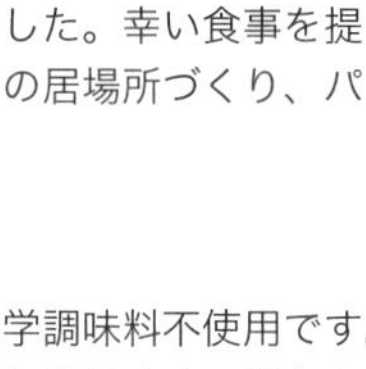

☆地域と子どもたちの居場所を繋ぐ☆

越谷こども食堂

埼玉県越谷市

越ヶ谷2丁目9−6

開催日：日曜を除く毎日（登録制）
連絡先：048-964-8000
メール：info@club-kids.jp
ＵＲＬ：https://www.facebook.com/koshigaya.kids.cafeteria/
参加費：300円

★始めたきっかけ

「あの味噌おにぎりの味」が忘れられないんです。日本の子どもの6人に1人が貧困状態にあると言われて久しいですが、子どもたちの顔に「貧食」や「孤食」と書かれている訳ではありません。それぞれが元気な子どもたちです。かくいう私も母子家庭で育ち、そんな6人のうちの1人だったのかもしれません。日が落ちるまで真っ黒になって遊ぶのですが、お腹が空けば近所のお宅で味噌おにぎりを握ってくれたものです。現在は、保育園や学童保育を運営する立場となり、支援された側から支援する側へ。空腹を満たしてくれたあの居場所を提供しています。

★活動内容・特徴

市民活動団体として放課後児童クラブの中で活動し、「常設型」として日曜祝日を除く毎日運営しています。近隣で子ども食堂を開設・運営したい方々への情報発信拠点にもなっています。

★開催してみて感じたこと・考えたこと

新しいことを始めるにあたって、開設できない理由をむずかしく考えるよりも、まずできることをできるスタッフで実行すると、子どもたちの笑顔がすべてのエネルギーになり、充実した「使命感」を実感することができると思います。

☆食べて 笑って 地域でだんらん☆

キタナラ子ども食堂

千葉県船橋市

習志野台5−7−16　カフェウフ。

開催日：毎月1回ゾロ目の日
（例：5月5日、6月6日…）17:00〜19:00
連絡先：ck_yuka@i.softbank.jp
LINE公式アカウント：キタナラ子ども食堂 ID: @gxs9341p
参加費：子ども無料、大人＋子ども300円、大人のみ500円

★始めたきっかけ

会場とする「カフェウフ。」店主が、市の福祉相談窓口職員から沿線に相談者が多いという話を聞き、やってみようと思い立った。

★活動内容・特徴

カフェの取引先や市内の生産者に農産物、米の食材提供をお願いしているため、メニュー内容は充実している。オシャレな店内で子どもも大人も楽しく食事をしている。料理教室講師の経験もあるカフェオーナーが作る、子どもに食べさせたいメニューで嫌いなものを克服する子どもも多い。

★開催してみて感じたこと・考えたこと

地域のミニコミ誌、新聞の地域紙、チラシ配布などで告知をしているが、浸透までは時間がかかりそう。まだ目的に到達するまでの過程であると認識しているが、地道に活動していくことで理解を得たいと思う。

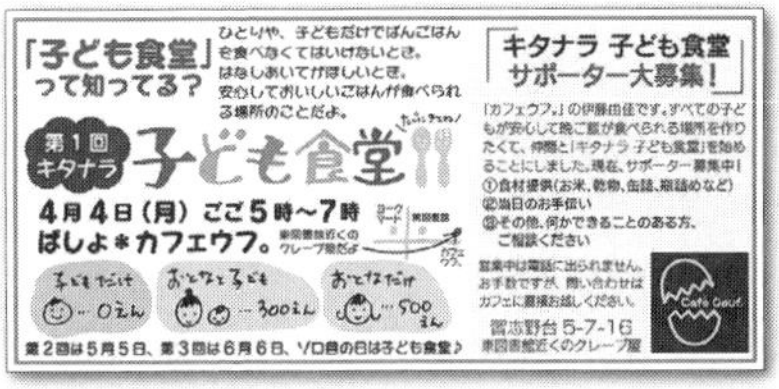

☆地域と子どもたちの居場所を繋ぐ☆

みなと子ども食堂

東京都港区

ありすいきいきプラザ（南麻布）

開催日：毎週水曜 16:00～19:30（食事受付は 17:30～19:00）
連絡先：080-7960-0207
メール：minatokodomosyokudo@gmail.com
ＵＲＬ：http://minatokodomosyokudo.jimdo.com/
参加費：子ども100円、大人300円、未就学児は大人と子どもで300円

★始めたきっかけ

6人に1人の子どもが貧困状態にあるとされている今、経済的貧困だけではなく、1人で食事を食べている子どもたち、そして、希望するすべての子どもたちが、バランスのとれた食事ができる場所、勉強できる場所、居場所となる場所を提供したいと思い、子ども食堂を始めました。

★活動内容・特徴

毎週水曜に子ども食堂を開催しています。みなと子ども食堂は、食事だけではなく、塾の先生等による学習支援を無料で行っています。また、子ども食堂の献立は栄養士によるバランスがとれた温かい食事、会場には、看護師、社会福祉士等の専門職がいます。秋田県八郎潟町から届く、有機野菜とお米を食材として活用しています。

★開催してみて感じたこと・考えたこと

土地柄もあり、適切な場所を見つけることが大変でした。現在は、区の施設を活用していますが、決まった日時に会場をとることが大変な作業です。また、子ども食堂には、協力してくださる多くのボランティアと寄付が必要ですが、こちらもなかなか集まりにくいと悩みを抱えています。しかし、多くの子どもたちや親子連れにいらしていただき、「美味しい」という声が私たちの励みになります。

☆すべての子どもたちが、まちの大人に見守られながら、すこやかに育つ!☆

マチイク子ども食堂

東京都文京区

さきちゃんち、文京区男女平等センターなど

開催日：第3金曜ほか 17:00～19:00（会員制）
連絡先：03-5976-1680
メール：nanzenjidayorinokai@yahoo.co.jp
ＵＲＬ：https://www.facebook.com/mamorume.bunkyo/
参加費：子ども無料、大人300円　主催：子どもを守る目コミュ＠文京区

★始めたきっかけ

空き家を利用した親子の居場所づくりや子ども見守りなどの地域活動をする中で、晩ご飯を1人で食べているお子さんの存在を知りました。最初は、そのお子さんも含めて、たまにみんなで一緒にご飯を作って食べる「おたがいさま食堂」のスタイルでしたが、定期的に開催する必要性を感じて「子ども食堂」をスタートさせました。

★活動内容・特徴

近所のお母さんたちが集まり、料理の先生の指導を受けながら、30人分の晩ご飯を作っています。会員制のため、子どもたち、親子連れ、地域の人たちなど、だいたい同じメンバーが集まり、今ではみな顔なじみになっています。また、大学生ボランティア、民生児童委員、社会福祉協議会の方たちの協力や見守りがあることも特徴のひとつです。

★開催してみて感じたこと・考えたこと

たまにやんちゃな子たちがケンカすることもありますが、大学生や地域の大人たちが見守り、時には叱り、まるで家族のような温かいつながりが自然にできていることを感じます。最初は挨拶もしなかった子どもたちが、配膳や後片づけを手伝ってくれたり、町で会った際に声をかけてくれたりする時が、やっていてよかったなと思う瞬間です。

☆ここに来れば、いつも誰かと晩ご飯☆

おたがいさま食堂せんごく

東京都文京区
千石1-4-3　文京区大原地域活動センター

開催日：ほぼ毎週金曜（HPでご確認ください）
連絡先：070-6467-1223
メール：otagai@bunkyo-kosodate.net
URL：https://facebook.com/otagaisama1000/
参加費：子ども100円、大人300円　主催：ぶんきょう子育てネット

★始めたきっかけ

ネットで間違えてうどんの生麺を2.4キロも購入してしまって、困り果てました。そこでせっかくだから、近所の誰かと一緒に食べたら楽しいかなと思い、始めました。初めは代表の高浜が個人的にお誘いした友人が来ていましたが、次第に地域のおばあちゃんや、小学生など、多くの世代が一緒に食べるようになりました。

★活動内容・特徴

平日の夕方の時間に集まって、みんなで作って・食べて・片づけて帰ります。子どもたちが近所の商店でゼリーの素を買ってきて作ってくれる、「大人食堂」を臨時開店することもあります。「社会貢献」と肩肘張らず、自分たちがまず楽しみ、地域の人が気軽に参加できる場所、いつまでも続けていける活動をめざして、ゆる～く続けています。

★開催してみて感じたこと・考えたこと

子どもだけでなく、年配の方や、運営している私たちも人のつながりを求めているのだと感じています。おたがいさまで助けあう、フラットなつながりができていくことに喜びを感じています。

☆いっしょに食べよう！地域でつながる みんなの食堂☆

下町こども食堂 千束

東京都台東区
浅草4−22−2　中町会会館

開催日：月1回 不定期（HPでご確認ください）
連絡先：090-9365-1679
メール：taitokonet@gmail.com
ＵＲＬ：http://taitokonet.jimdo.com/
参加費：子ども100円、大人300円　主催：台東区の子育てを支え合うネットワーク

★始めたきっかけ

私たちの法人では、2年前から経済的理由で塾に通えない児童・生徒のために無償の学習支援を始めました。そこに通ってくる子どもたちとの出会いの中で、孤食や栄養のバランスの悪い食生活など、子どもたちを取り巻く食の問題を感じるようになりました。そこでみんなで一緒にご飯を食べられる子ども食堂を始めようと思いました。

★活動内容・特徴

下町のおせっかい好きなおじちゃんたちが子どもたちのために場所や食材を提供し、やっぱりこれまたおせっかいなおばちゃんたちが美味しい料理を作っています。人情味あふれるチャキチャキの江戸っ子気質が、私たち「下町こども食堂 千束」の自慢。〝地域の中で子どもを育てる！〟そんなあつ～い心意気あふれる食堂です。

★開催してみて感じたこと・考えたこと

学校も年齢も違う子どもたちが食堂で出会い、仲良くなって楽しそうに過ごしている様子を見るにつけ、子どもには〝家庭でもない、学校でもない、第三の居場所が必要だ〟ということをあらためて強く感じます。こういったつながりの中から子どもたち一人ひとりが新しい自分を発見してくれたらいいなと思っています。

☆「住まいの問題」と「子どもたちの貧困」を同時に解決する☆

ことといこども食堂

東京都墨田区
向島5−21−6

開催日：第2・第4木曜 18:00〜19:30
連絡先：03-5942-8086／090-6159-8787（稲葉）
メール：info@tsukuroi.tokyo　ＵＲＬ：http://tsukuroi.tokyo/
参加費：子ども・大人ともに無料
主　催：つくろい東京ファンド（協力：出張料理教室めざめ）

★始めたきっかけ

主催が「住まいの貧困」の解決に取り組んでいる団体で、このたびご縁があって墨田区内の空き家を借りることができました。ここを家賃高に悩む若者向けシェアハウスとして運営し、また同時に地域の子どもたちに向けて何かできないかと考え、リビングとキッチンを活用する形でスタートしました。

★活動内容・特徴

まだまだスタートしたばかりですが、口コミやウェブサイトの情報を見て、地域に住む親子連れの方々がいらっしゃいます。若者向けシェアハウスの場を使って開催しているので、住まいを地域に開きつつ、問題を解決するモデルにもなっていければと考えています。

★開催してみて感じたこと・考えたこと

私たちの活動の成り立ちがそもそも墨田区から発生したものではないので、もともと住まわれている方々のネットワークにアクセスすることの難しさを感じています。この点については直接お会いして活動趣旨をお話するなどし、一歩一歩進めていくしかないと思っています。

☆みんなで、たのしく、いっしょに、おいしいものをたべよう☆

みなみすなこども食堂

東京都江東区

南砂4−3−12　ボランティアハウスぽかぽか

開催日：第2・第4火曜 16:30～19:30
連絡先：03-5633-7173
メール：espoir-yawara@wg7.so-net.ne.jp
ＵＲＬ：https://www.facebook.com/pokapokakodomo/
参加費：子ども無料、大人500円（65歳以上300円）

★始めたきっかけ

もともと元気な高齢の方を中心とした地域交流施設（高齢者だけじゃなく、みんなが入れて楽しめます）を運営していました。そこに学校帰りのお子様連れの方や小中学生がお店によく来て、子どもと高齢者の交流がとても楽しげで、子どもと高齢者の世代を超えた交流場所、居場所になればいいなと思い始めました。

★活動内容・特徴

地域交流の場所として運営していたので、子どもと高齢者の方たちが世代を超えて交流ができ、今では少なくなってきた世代間交流の温かい雰囲気で運営しています。高齢者が作った手作り作品を子どもにあげたり、遊び方を教えてもらったりしています。子ども食堂を始めてから、全世代が楽しめる「居場所」になっています。

★開催してみて感じたこと・考えたこと

2016年2月オープンで、まだ始めて2か月5回の実施のみですが、本当に必要な子どもたちに情報が行き渡ってないのではと思っています。が、まずは間口を広げたくさんの人たちにご利用してもらい、そこから本当に必要な子どもたちにも情報が伝わっていければと思い、現在、試行錯誤しながら運営しています。

☆みんなで食べると美味しいね!!☆

だんだんこども食堂

東京都大田区
東矢口1-17-9

開催日：毎週木曜 17:30～20:00
連絡先：090-8941-3458（近藤）
メール：h.i-korolin@docomo.ne.jp
ＵＲＬ：http/ameblo.jp/kimagureyaoyadandan/
参加費：子ども100円、大人500円　主催：気まぐれ八百屋だんだん

★始めたきっかけ

近所の小学校の副校長先生から、この頃はお母さんがうつ病を抱えていて食事も作れない、また、シングルマザーで仕事が忙しい場合も多く、給食以外の晩ご飯と朝ご飯をバナナ1本で過ごす子どもがいる。先生がおにぎりを作って、保健室で食べさせていると聞いたことがきっかけ。食の問題は、地域で支えなければと思った。

★活動内容・特徴

毎週木曜に開催。どんな子どもでも1人で食べに来ることができる場所という意味で「こども食堂」と名付けて始めた。もちろん、大人もOK。だんだんでは、ワンコイン寺子屋、ススム寺子屋などの学習サポートも子ども食堂以前からやっていた。子ども食堂から学習サポートにつながることもある。

★開催してみて感じたこと・考えたこと

子ども食堂のような場所を必要としている人は、子どもだけではないということ、大人も子どもも人の温もりを感じていたいのだということが分かった。子どもが、家と学校以外の大人と接する機会を「子ども食堂」が担っていること、子ども食堂は、いろいろな問題や困難を発見できる場所でもあると感じている。

☆地域で子育てを応援する☆

油揚げこども食堂

東京都大田区
羽田5−20−6　野菜を食べるカフェ「油揚げ」

開催日：第1・第3水曜 16:30〜19:30
連絡先：03-3741-0909
メール：aburaageage@gmail.com
ＵＲＬ：http://aburaage.web.fc2.com/
参加費：子ども300円、大人500円

★始めたきっかけ

「だんだん」というこども食堂を手伝っているうちに、子どもの居場所作りの重要性を認識しました。地域で子育てを応援する場所にできたらと思い始めました。独りで家で食べてる子どもや、お年寄りがみんなで食事をとることによって、コミュニケーションが生まれ、家族以外の支えができることを望んでいます。

★活動内容・特徴

バランスのとれた温かい食事を提供。無料ハンドマッサージや、子どもの絵本作りワークショップ、生演奏のライブもあります。お母さんの買い物中のお預かり、子どもたちだけの夕飯作り、ご老人向けのデリバリー、お子さんと一緒に歌える英語のギターワークショップなど。

★開催してみて感じたこと・考えたこと

シングルマザーのお母さんや、家で独りで食べているお子様やお年寄りに喜ばれています。食事をしながら育児の悩みや、日頃の家庭の問題などの話をして、いろいろな方の意見を聞くことができます。子どもの絵本作りでは、子どもの才能を伸ばしながら、子ども自身の抱える悩みにも応えられるように工夫することができました。

☆地域の繋がりの場☆

みんなの食堂

東京都中野区
上高田4−17−3　上高田東高齢者会館

開催日：第4木曜 17:30〜19:30
連絡先：080-4928-3487
メール：proofman36@gmail.com
ＵＲＬ：http://www.facebook.com/kamitakada.kodomo/
参加費：子ども無料、大人300円

★始めたきっかけ

地方の児童養護施設でボランティア活動をしていく中で、養護児童の背景にある貧困や虐待の問題を知り、それが施設の子どもたちに限らないことを知りました。そして自分の地元からそうした問題を改善していく取り組みができないかと考えました。

★活動内容・特徴

たくさんのボランティアさんと一緒に活動しています。調理ボランティアは「子どものために何かしたい」と自主的に参加されている主婦中心、子どもの相手は子ども目線でハードルを下げる意味合いで学生中心のボランティアさんで運営しています。NPOなどの基盤はないですが、小さいからこそ地域でつくる居場所を目指しています。

★開催してみて感じたこと・考えたこと

急速に広まる「子ども食堂」の波に乗って始めましたが、①本来の目的の孤食の子を捕捉できていないのでは？ ②メディアによって子ども食堂＝貧困というイメージが広がりすぎて逆に来づらくなっている子どもがいるのではないか？ という課題を感じております。それらの課題を解決するために参加者視点で運営していくことを心がけています。

☆こどもも親もホッとひと息☆

風神亭 まんぷくこども食堂

東京都杉並区
西荻南3-8-8　西荻 風神亭

開催日：第3日曜 11:30～15:00
連絡先：03-3333-6033
メール：rk92wm@bma.biglobe.ne.jp
参加費：子ども無料、子ども＋大人300円

★始めたきっかけ

テレビのニュースで、6人に1人の子が貧困状況にあると知ったことから。運よく食える大人が、運悪く食えない子どもに食わせるのは当たり前だからやる。

★活動内容・特徴

食事の提供。とことんプロの料理集団がやっていることで、温かいものは温かいうちに食べることの楽しみを知ってもらうこと。

★開催してみて感じたこと・考えたこと

困っている人たちに来てもらいたいが、そのことが本当に伝わっているのかどうか分からないこと。

☆みんなで「わいわい」楽しく食べよう！☆

西荻・寺子屋食堂

東京都杉並区

西荻北4−4−4　三益ビル１階「かがやき亭」

開催日：第4土曜 16:30～20:00
連絡先：090-9006-3910（能登山）
メール：meibi@jcom.home.ne.jp
参加費：子ども300円、大人500円

★始めたきっかけ

主任児童委員をやっていて、子どもの孤食や食事に対する貧しさを感じていたところ、友人が「要町あさやけ子ども食堂」に連れて行ってくれました。そこには求めていたものがあり、まさにこれだ！ と思って、自分も始めました。

★活動内容・特徴

当初はスクールソーシャルワーカーに紹介してもらった中高生が中心でしたが、最近では若いお母さんたちが、ちびっ子を連れて押し寄せるようになってきました。中高生も異年齢のちびっ子たちとふれあい、新鮮さを感じている様子です。

★開催してみて感じたこと・考えたこと

「家には帰りたくない」と異口同音の言葉が返ってくる、思春期まっただ中の中高生にとって、子ども食堂はなくてはならない居場所になってきたと感じています。ちびっ子を連れてくるお母さんたちも、この場所では子どもと煮詰まった関係から開放され、ゆっくり話しながらご飯を食べることができるという様子。このようにさまざまな課題解決が食を提供する中から生まれていることを実感しています。

☆子どもの育ちを社会全体で支えていくまちづくりへ☆

ふくろうこども食堂

東京都豊島区

東池袋1−44−3　池袋ISPタマビル8F

開催日：第2・第4火曜 17:00～20:00
連絡先：03-6907-8030
メール：kodomo-shoku@roukyou.gr.jp
参加費：子ども無料、子どもと一緒の家族・保護者 無料
主　催：日本労働者協同組合《ワーカーズコープ》連合会・一般社団法人日本社会連帯機構

★始めたきっかけ

「子どもの育ちを地域社会全体で支えていくようなまちづくり」の実現を目指していきたいと願って始めました。ネーミングの「ふくろう」は池袋の街のシンボルであり、子どもが一人でさみしい時や、親が子育てで悩む時など不安を感じる夜に、ふくろうのような大きな瞳で見守っていきたいという願いを込めています。

★活動内容・特徴

広々としたスペースで食後もゆったりと過ごしながら、参加者同士が交流し、親子そろって心安らげる居場所となれるような雰囲気を大切にしています。窓からは池袋の街並みを一望できるので、電車好きなお子さんにはうれしいかも！ 保育士、看護師、栄養士など専門の資格を持ったスタッフがそろっているので、子育て、健康、食などの相談にも応じています。

★開催してみて感じたこと・考えたこと

場所は池袋の商業地域の一角にありますが、少し離れれば住宅街が広がる地区です。毎回自転車で乳幼児の親子連れが多数参加しています。今後は子育て家庭だけでなく、独居高齢者の方との交流、地域商店との連携なども考えています。

☆未来あるこどもたちを応援します☆

こどもとんぼ食堂

東京都豊島区

南長崎5−25−7

開催日：第2・第4火曜 17:00〜19:30（予約制）
連絡先：050-5578-6566（川又・松崎）
メール：info@tombo-shkudo.com
ＵＲＬ：http://www.tombo-shokudo.com/
参加費：子ども無料、大人200円　運営：まつざき印刷株式会社

★始めたきっかけ

子どもや母子家庭（シングルマザー）の貧困が深刻化する中、企業として社会貢献の必要性を感じていたところに、教育関係のお客様から子ども食堂の存在を聞き、「これなら弊社でもできる！」と思ったことがきっかけです。未来を担う子どもたちへの支援は、企業としてだけではなく、子どもを持つ社員としての責任だと感じています。

★活動内容・特徴

レトロな古民家をリフォームしたオシャレな子ども食堂です。社員スタッフが中心となり、和食を中心とした心を込めた料理を作り、みんなで一緒に「いただきます」をします。民間の企業が運営する子ども食堂なので、他のさまざまな企業と連携し、子どもの食生活の改善と、学習支援、体験交流の場の提供に取り組んでいきたいと考えています。

★開催してみて感じたこと・考えたこと

2016年4月19日にオープンしました。実際に運営することで、地域による食の支援の必要性をさらに感じています。また、弊社のような民間企業での子ども食堂の運営を通じて、全国の企業の社員食堂解放につながり、根本的な問題である雇用のあり方（非正規雇用増加の問題）を各企業が見直すきっかけになればと考えています。

☆お腹いっぱい！ 笑顔いっぱい！☆

ねりまこども食堂

東京都練馬区
谷原1−3−7　真宗会館2階

開催日：月2回 月曜 18:00〜20:00
連絡先：090-8844-4966
メール：gohan@nerima-kodomo.net
ＵＲＬ：http://nerima-kodomo.net
参加費：子ども無料、大人300円

★始めたきっかけ

テレビ番組で見て。「そんな子が近所にいるのなら、お腹いっぱい食べさせてあげたい」と単純な思いから。何のスキルもなく、福祉のことも知らず、子どももいなくて、でもご飯を作ることなら私にもできると、月に2回くらいなら仕事を持っていてもできると、お節介心から始めました。

★活動内容・特徴

バイキング形式です。お替わり自由。ただし、自分でお皿にとったものは残さない。自分でチョイスすることを身に付けます。季節の一品が必ずあります。ボランティアも一緒にお話ししながら食事をします。食事の後は、和室で遊びます。家と学校以外の大人と接し、心の枠を広げてほしいと願っています。

★開催してみて感じたこと・考えたこと

本当にさまざまな環境で育つ子がいることを知りました。その子にとってはその環境が当たり前なわけです。違う場所もある、違う人もいる、その環境を拡大してあげればその子の未来も広がる、そんな思いがします。子ども食堂は、単にお腹を満たす場所だけではない役割を担っているようです。

☆地域の子どもと共食から広がる 希望あふれる明るく楽しい居場所づくり☆

ダイコンこども食堂

東京都練馬区

春日町5−20−25　春日町南地区区民館

開催日：第1・第3月曜 17:30～20:00
連絡先：03-6914-7980
メール：info@wishseed.org
ＵＲＬ：http://childrens-cafeteria.tokyo/
参加費：子ども無料、大人300円

★始めたきっかけ

子ども食堂がきっかけで、子どもの貧困問題を知りました。と同時に、知らなかった自分を恥ずかしく思いました。6人に1人が貧困状態にあると突きつけられた子どもたちの現実、子どもの貧困問題は間違いなく大人の責任です。食にかかわる仕事をしている者として、自分にも支援できる活動だと考え、すぐに行動に移しました。

★活動内容・特徴

子どもと共食から広がる地域の居場所づくり、高齢者の参加も呼びかけています。子どもも調理に参加することができます。食事の後はカラオケが定番です。家庭のさまざまな理由で1人で食事をする機会が増えている「孤食」の子どもたちに、地域で放課後の安心安全な居場所づくりを目指しています。

★開催してみて感じたこと・考えたこと

子ども食堂を始めるために動いたことで、地域のつながりが広がりました。また子どもたちに会うことが楽しみになり、自分の人生も豊かになりました。活動を始めて分かったことは、食べ物に困っている子どもに声を届けるのが本当に難しいことです。子どもの貧困問題に関する啓発活動の必要性を感じています。

☆おなかすいたら たべにおいでよ☆

石神井ゆうやけ子ども食堂

東京都練馬区

石神井町1−24−6　原田ビル3F

開催日：第1金曜、第3日曜 18:00～20:00
連絡先：03-3997-9324（活動時間帯のみ）
メール：nayutaflat@gmail.com　ＵＲＬ：http://www.yuyakekodomo.sakura.ne.jp/
参加費：子ども（中学生まで）100円、大人（高校生から）300円
主　催：「なゆたふらっと」と「野の花伝道所」による共催

★始めたきっかけ

主催団体の周辺には、以前よりシングルで子育てしている方や孤食の独居者などといった日常が存在していた。子どもの貧困が社会問題化する中で、主催2団体の代表が2014年秋に「要町あさやけ子ども食堂」を見学し、地元での開催を後押ししていただいたことがきっかけとなった。

★活動内容・特徴

居場所活動には日常生活（時間・空間）をその場のメンバー（仲間）で共有するという側面がある。日常と食事は密接であり、以前から小規模に続けてきた〝みんなで食事をつくって食べる〟活動を「子ども食堂」としてもう一歩地域にひらくことで、より多様な参加者が集まってきている。

★開催してみて感じたこと・考えたこと

子どもの貧困問題を「子ども食堂」だけで解決できるわけではないが、食は日常であり長く継続していくことで、世間の関心を一過性に終わらせず、より実効性のある社会的施策の実現や、〝地域のお互いさまネットワーク〟の維持・再構築に寄与したい。子どもたちには、親や先生以外の大人の存在や複層的な人間関係のおもしろさ・可能性を伝えたい。

☆NO！孤食　ひとりごはんよりもみんなでワイワイごはん☆

北千住やさい子供食堂

東京都足立区
千住4-1-11

開催日：月1回 日曜か祝日（HPで随時お知らせ）
連絡先：090-4374-5856
メール：loveauty@loveauty.jp　ＵＲＬ：http://loveauty.jp/kodomo/
参加費：小学生100円、中学生200円、高校生300円、子ども＋大人500円
主　催：Loveauty 料理教室

★始めたきっかけ

どうして子どものいない私が始めたのかよく聞かれます。実は、私自身が子どもの頃に孤食を経験しているからです。お料理は自分のためではなく、誰かのために作ることが多く、食とは幸せと愛情の基本だと思います。自分で小さいながらもお料理教室を始めた後に子ども食堂を知り、自分の幼少時代と重ね合わせて共感をし、お教室本来の特徴を生かしたおやさい中心の子ども食堂を始めました。

★活動内容・特徴

動物性食材不使用、100%植物性。卵、乳、化学調味料不使用。お野菜や大豆をアレンジしたいろんなものをつくります。危なくないお料理のお手伝い、みんなでわいわい一緒にお料理。親子でも楽しめます。

★開催してみて感じたこと・考えたこと

実際お料理にかかわることで、食の大切さや食べる楽しみも生まれるのではないかと思います。きっかけのひとつとして好き嫌いの克服、もしくは新しい食べ物が増えればうれしいです。なにより笑顔でおいしかった！ 楽しかった！ と言ってもらえれば本望です。

☆はらぺことひとりぼっちをなくす☆

はちおうじ子ども食堂

東京都八王子市

東町3−4　アミダステーション

開催日：第2土曜 17:00〜19:00
連絡先：5domo.hachioji@gmail.com
ＵＲＬ：https://www.facebook.com/hachioji.kodomo.shokudo/
参加費：子ども100円、大人300円

★始めたきっかけ

私たちは、学生が中心となって立ち上げた子ども食堂です。それまで釜ヶ崎や、震災後の東北など、さまざまな地域でボランティアをしてきましたが、自分が住む地域の担い手として、何もしていないことに気づきました。池袋のあさやけ子ども食堂に通ううちに、WAKUWAKUの栗林さんから「八王子でもやってみたら？」と勧められ、私たちのような何も専門性がない学生でもできるんじゃないかと思い、とりあえず始めてみました。

★活動内容・特徴

はちおうじ子ども食堂は、学生と地域の方々が協働し、運営しています。食材は八王子で採れた野菜や無添加の調味料をできるだけ使用しています。アミダステーションは3階建てで、2階で料理を作り、1階でご飯を食べています。畳やちゃぶ台もあるのでゆったりでき、大人も子どもも思い思いに過ごしています。

★開催してみて感じたこと・考えたこと

約1年間、月に1〜2回程度子ども食堂を開催しているうちに、食材、料理など、さまざまな形で協力をしてくれる個人の地域の大人の方々や、無料学習支援を行っている団体などとつながり、八王子での子どもを支える地域の土壌を感じました。しかし、大人が集まる反面、本当に子ども食堂を求めている子どもへのアプローチが不十分であることも感じ、こちらから子どもへ直接アプローチしていこうと考えています。

☆いっしょにいよう みんなでごはん☆

こどもの居場所作り@府中

東京都府中市

（会場についてはお問い合わせください）

開催日：第4月曜 17:00～19:00

連絡先：090-1805-3977

メール：ibasho.fuchu@gmail.com

ＵＲＬ：http://ibasho-fuchu.jimdo.com/

参加費：子ども無料、大人300円

★始めたきっかけ

WAKUWAKUの栗林さんのお話を府中市内で聞いたメンバー数人が、府中にも立ち上げようと集まったのがきっかけ。

★活動内容・特徴

活動のつながりや基盤を持たないメンバーがそろい、さまざまな意見を出し合いながら運営しています。

★開催してみて感じたこと・考えたこと

スタートしたばかりですが、活動を通して「会ー支援の必要な人」という一元的な関係に限らず、たくさんの人たちがつながる場になっていることを感じています。

☆パパたちによるこどもクッキングでみんなで食べよう☆

あきしまこどもクッキング

東京都昭島市
つつじが丘3-7-7　昭島市公民館実習室

開催日：第2水曜 16:00～20:00
連絡先：080-5860-0633
メール：akishimakodomoshokudo@gmail.com
ＵＲＬ：http://www.akishimapapa.net/shoku/
参加費：子ども無料、大人300円

★始めたきっかけ
　昭島市内で子育て中のパパたちによる子育てサークルを行っていましたが、メンバーのひとりがWAKUWAKUの栗林さんの講演を聞き、仲間たちに呼びかけて、2016年2月から始めることになりました。

★活動内容・特徴
　子育て中のパパたちによる子ども食堂です。多くのパパたちが、この日のために年休をとって買い出しから調理まで行います。もちろんママや地域の人たちの力を借りながら、子どもたちと一緒につくって、一緒に食べる喜びを分かち合えたらと思っています。

★開催してみて感じたこと・考えたこと
　今まさに子育て真っ最中のパパたちの、熱い情熱がここまでだとは思っていませんでした。普段のパパはどうしても仕事があって、子どもたちと一緒にご飯を食べられるわけではありません。でも、パパたちだって一緒に作って一緒に食べたい。子どもたちにとっても、パパにとっても、食事を一緒に食べる幸せを感じています。

☆作る・食べる・遊ぶ・つながる☆

西東京わいわいクッキング

東京都西東京市
南町5−6−11　西東京市田無公民館調理室

開催日：第3土曜 11:00〜14:00
連絡先：042-467-0498（岸田）
メール：hisae.kishida@gmail.com
参加費：子ども無料、大人300円
主　催：西東京わいわいネット

★始めたきっかけ

2015年2〜3月の田無公民館人権講座「子どもの貧困に向き合う地域をつくる」に参加したメンバーが、学びから行動へ、自分たちでできることをやろう、食にかかわることがしたい！ と2015年4月から「わいわいクッキング」を始めました。

★活動内容・特徴

子ども食堂ではなくクッキングにしたのは、いっしょに作る作業を通じて大人と子どもが自然に交流できること、子どもが家でも自分で料理ができる力をつけられることが魅力だからです。作って食べるだけでなく、その後にお楽しみ企画もあって、季節の行事や遊び、文化活動と盛りだくさんです。

★開催してみて感じたこと・考えたこと

スタートして1年で、リピーターとなった子が数名います。少しずつ自分の話や家族の話もするようになり、スタッフに打ち解けてきたようです。居場所のひとつとなってきたかな…。今年度は、子どもたちにもスタッフになってもらおうと考えています。そして、市内にそんな場をたくさん作っていけたらと夢見ています。

☆地域の力、未来への力☆

駒岡　丘の上こども食堂

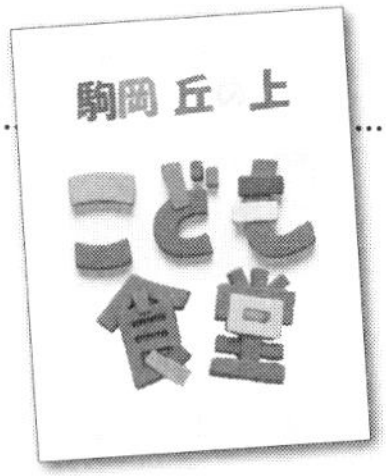

神奈川県横浜市

鶴見区駒岡4−28−5　横浜市駒岡地区センター

開催日：第1・第3木曜 17:30〜19:30
連絡先：045-571-0035（七田）
メール：shichida_n@komaoka-cc.com　ＵＲＬ：http://komaoka-cc.com
参加費：子ども200円、大人300円
運　営：アクティオ株式会社（駒岡地区センターの指定管理者）

★始めたきっかけ

指定管理している公共施設の稼働率を上げる方策を検討していた時に、テレビのニュースでこども食堂のことを知り、近隣住民への貢献と税金にて管理している公共施設の有効利用双方を満たす事業として、開店を決意。

★活動内容・特徴

指定管理している施設を指定管理者が、独自の自主事業としてこども食堂を行うメリットとして、まず場所の確保が容易、施設使用料が無料化可能、料理道具、食器等が基本的に設置済み、公共の施設が管理・運営するこども食堂であるため、ボランティアの方や寄付をお申し出でいただく方の信用が高いことが考えられます。

★開催してみて感じたこと・考えたこと

本当にサポートを必要としている子どもたちへリーチすることのむずかしさを痛感しています。こども食堂と名乗ってはいるものの、参加者には制限を設けず、基本的にはどなたでも参加していただける仕組みにしています。

☆学び、遊び、楽しく食べる☆

こどもひーちゃん食堂

横浜市鶴見区
駒岡4−26−3　リカバリータイムズモア

開催日：第3水曜 17:00〜19:00
連絡先：045-633-4931
メール：recoverytimez@gmail.com
ＵＲＬ：http://recoverytimez.com/
参加費：子ども300円、親子ペア500円　運営：株式会社リカバリータイムズ

★始めたきっかけ

歩行リハビリ特化型デイサービスを運営し、地域に密着した活動を続ける中で、運営終了後の店舗で、もっと地域活動ができないかと考えていた時に、一緒に働くスタッフから「子ども食堂」を教えてもらったのがきっかけです。未来を担う子どもたちに、いい思い出をつくってもらいたいと考え、学び、遊び、楽しく食べる「子ども食堂」を始めました。

★活動内容・特徴

最初にみんなで学校の宿題に取り組み、終わったら、食事準備までの間に昔ながらの「ハンカチ落とし」などのレクリエーション等を行います。ご飯を食べる前には、学校では教えてくれない食育について学び、自分たちでメイン部分をつくってもらっています。終了時間になったら、お母さんがお迎えに来てもらっての帰宅になります。

★開催してみて感じたこと・考えたこと

学校とは違うワクワクがあること。安全に配慮された「たまり場」になれること。自分たちでつくることで、いつもよりおいしく食べられる。この子ども食堂という「プラットフォーム」に地域のボランティアさんが入ることで地域を活性化させるきっかけになる。

☆いっしょに食べてつながろう！☆

ナナ食堂

横浜市青葉区
あざみ野1-21-11

開催日：第2土曜 17:00〜19:00、第4土曜 12:30〜14:00
連絡先：045-482-6717
メール：info@spacenana.com　ＵＲＬ：http://spacenana.com/
参加費：子ども無料、大人500円
主　催：NPO法人スペースナナ

★始めたきっかけ
スペースナナ主催の連続講座「地域でゆるやかに支えあう場をつくろう」でお呼びした講師、WAKUWAKUの栗林さんのお話に触発され、始めました。パルシステムの助成金を申請し、せまかった厨房を広く改装することで設備を整えることができました。

★活動内容・特徴
スペースナナは「世代を超え、性別、国籍、障害のあるなしにかかわらず、だれもが安心して出会い交流する居場所」として始まりました。ナナ食堂もまた、対象を子どもに限らず、生きづらさを抱えた人たちも安心して参加でき、いっしょに食べる楽しさをみんなで共有し、元気になれるような場でありたいと願っています。

★開催してみて感じたこと・考えたこと
毎回たくさんの方々が参加してくださり、楽しい食堂にはなっているのですが、地域に根づき、また、このような場を一番必要としている方々が気軽に利用してくださるにはまだ時間がかかりそうです。しかし、続けることで必ず声が届き、「地域でゆるやかに支えあう場」となっていくことを期待しながら活動していきます。

☆あいさつできる子は、ともだちと・ひとりでも きていいですよ☆

おださがこどもネット

神奈川県相模原市

食　堂：「相南ハッピーこども食堂」「だがしあたーイエスマン」「なごみこどもしょくどう」「南台こどもしょくどう（キッチン唯利）」の4つを運営
開催日：各子ども食堂の予定による
連絡先：odasagakodomonet@yahoo.co.jp
ＵＲＬ：https://www.facebook.com/odasagakodomonet/
参加費：子ども100円、大人400円

★始めたきっかけ

友達の家に遊びに行って、そのお宅が夕飯のしたくを始めても帰宅しない子、朝7時から遊び友達をさがしにくる子、パンを見るためだけに商店街の店をめぐる子、父子家庭でパパさんが子どもをかまっていない家…。2015年11月、キッチン唯利でご飯を食べながら話をして、その場で始めることに決めました。

★活動内容・特徴

キッチン唯利でのスタート時から、参画の各子ども食堂は「しょくどう」としての活動に専念をする。広報・事務・その他の折衝は、事務担当がすべて引き受けるという分業体制です。将来は、食材や募金の融通も行っていきたいと思っています。

★開催してみて感じたこと・考えたこと

当初の予想どおり、1店舗単独だと集客・広報が苦労していましたが、近隣での連携店舗ができて自治会や社協等、地域から認識をしてもらえるようになった。子ども食堂活動に勧誘した仲間たちも手ごたえを感じているようでうれしい。仲間が増えることと、必要としている子ども・保護者へ情報が到達することを願っています。

☆食育を中心とした、地域交流のできる☆

ひがしっこ子ども食堂

山梨県甲府市

朝気1−2−2　山梨県立男女共同参画推進センター「ぴゅあ総合」

開催日：第2・第4土曜 16:00〜20:00
連絡先：090-8314-2797
メール：hagukumiyamanashi@gmail.com
ＵＲＬ：https://www.facebook.com/hagukuminokai/
参加費：子ども無料、大人300円　主催：一般社団法人育みの会

★始めたきっかけ

前身のボランティア団体で調理をしている子どもたちの笑顔を見て、調理活動を継続していきたいと思いました。2015年から子どもの貧困が全国的な問題であることを知り、何とか子どもたちを支援できないかという強い想いを会員で共有し、全国的な活動である「子ども食堂」を地元の地域から発信していきたいと思い、実践に踏み切りました。

★活動内容・特徴

栄養士中心のメニュー作りや、子どもたちに不足しがちな栄養素を摂れるように配慮しております。地元（甲府市東地域）に密着した活動ということで、常に保護者や子どもたちの目線で、社会ニーズを拾い出し、活動に取り入れて行っております。

★開催してみて感じたこと・考えたこと

子ども食堂という活動自体がまだまだ山梨県では認識が薄いと感じました。また「貧困」の支援ということを前面に出すと、参加者が集まりにくいと実感しました。活動のスタイルのどれが正解なのかということがないので、常に検討、変更を柔軟に考え、活動を継続していきたいです。今後は周知活動も行いながら、がんばっていきます。

☆みんなで食べるとおいしいよ！☆

信州こども食堂

長野県長野市

鶴賀緑町1714−5　長野市ふれあい福祉センター（変更の場合あり）

開催日：月1回 土曜または日曜 11:00〜14:00
連絡先：012-914-994（県内無料）、0263-75-8368
ＵＲＬ：http://hotline-shinshu.jimdo.com/
参加費：子ども無料、大人（カンパ）
主　催：NPOホットライン信州

★始めたきっかけ

当法人は生活困難者の支援を中心に活動しています。その一環としてフードバンク事業を行っています。皆様からご寄付いただいた大切な食料を基に、子どもたちに温かい食事を提供したいと願い、また志を同じくするボランティアの方々に支えられ、子ども食堂を開店しました。

★活動内容・特徴

月1回土曜または日曜、長野市ふれあい福祉センターで開催しています。貧困とかひとり親とか弧食とかの枠にとらわれず、みんなで楽しくご飯を食べよう！ みんな同じだよ！ をコンセプトに開催しています。ご飯の前に、将来教員希望の大学生のお姉さんたちに勉強を教えてもらい、食後は、みんな一緒に大騒ぎで遊びます。

★開催してみて感じたこと・考えたこと

私たち信州こども食堂スタッフは、子どもたちを通して地域の再構築を目指しています。昔どこにでもいた近所のおせっかいで世話好きなおじちゃん、おばちゃん。子どもたちが大好き。子どもは地域の宝、だから地域の皆で育てる。「あなたたちはとても大切な存在」。この言葉を子どもたちに伝えたい。今みんなで実感しています

☆いっしょに食べよう・いっしょに遊ぼう☆

ゆずのひ

静岡県静岡市
葵区駿府町1−70　静岡県社会福祉会館シズウェル内

開催日：毎月隔週土曜 10:00〜16:00
連絡先：yuzunohi2015@gmail.com
ＵＲＬ：https://www.facebook.com/yuzunohi2015/
参加費：子ども無料、大人（募金）

★始めたきっかけ

私自身、シングルで子育てをしていて「困った」「助けてほしい」と思ったときに、助けを求める場所が見つからなかった。行政の助けを求める場所は有料のため、利用できなかった。「お母さんが息抜きをする＝サボり」と思われがちで、子どもを預ける場所がなかなかない。預けられる場所は有料なので、息抜きのために預けると、預けた分だけまた働かなくてはならない。このことを友達・周りの人に相談したところ、「何かできないかな？」から子どもが大好きな大人と子育て中の大人で、実際に「行動に移すこと」になりました。

★活動内容・特徴

子どもの支援をしたい！　ということで、まずは子どもの居場所から。居場所を作るなら、みんなで一緒にご飯を作ろう。子どもなら誰でもひとりでも参加しやすいように「子どもなら誰でも無料」で活動しています。ふじのくに未来財団、せいしん地域応援基金助成事業（静岡市・焼津市・藤枝市における社会貢献活動）の助成で運営しています。

★開催してみて感じたこと・考えたこと

ボランティアの確保、本当に必要とする子どもにどのように活動を知らせるか、行政・学校・保健所にいかに理解してもらうか…、なかなか理解いただけません。

☆一緒に作って 一緒に食べよう☆

こども食堂いかるが

奈良県生駒郡

斑鳩町興留5−5−28　斑鳩町東公民館

開催日：第4日曜 12:00〜15:00（変更の場合あり）
連絡先：080-3809-7313
メール：kodomosyokudo.ikaruga@gmail.com
ＵＲＬ：http://ameblo.jp/kodomosyokudo-ikaruga/
参加費：子ども無料、大人200円

★始めたきっかけ

ひとり親、共働き、貧困などの家庭が増加する中、周りに頼るべき祖父母や親戚もなく子育てに悩む保護者を支え、子育てを地域全体で支えたいと強い思いを持った町の有志が集まりました。温かい食事を子どもたちやボランティアが一緒に作り、楽しく味わいホッとできる居場所を作り、必要な支援につなげる橋渡しをしたいと考えました。

★活動内容・特徴

学童保育がなく保護者も参加しやすい日曜日に、公民館を借りて、さまざまな事情を抱える子どもや保護者、また希望すれば誰でも参加できる食堂を開催し、大勢で一緒に作って食べて遊んでいます。深刻な環境で本当に支援が必要な子どもと保護者のためには、平日の夜、NPO法人「あゆみの家」の施設を借りて、ゆっくり少人数で食卓を囲む会を別途開催しています。

★開催してみて感じたこと・考えたこと

深刻な環境の子どもや保護者を迎えるには、こちらの熱意が空回りしないように十分なリサーチの必要性を感じました。子ども食堂に来るのは特別な家庭という偏見に至らないよう、楽しいところという印象を持ってもらえる配慮も必要です。子ども食堂を通して保護者の心をほぐす場でもありたいと思います。

おわりに

豊島子どもWAKUWAKUネットワークは活動を始めてまだ4年の若いNPOです。しかし、子ども食堂がこのようなムーヴメントとなり、本著の出版ができる運びとなりました。

こうして一冊の本にまとめるために、理事全員が執筆をし、改めて、素晴らしい仲間と多くの人とのつながりによって、ここにいたっていることを実感しています。まだまだ〝やりたいコト〟がありまして、皆さまのお力を借りながら、夢をカタチにしていきたいと思っています。

振り返れば、居場所づくりをはじめて17年。不登校の子どものための居場所づくりから始まり、親の会、フリースペース、地域サロン、コミュニティカフェ、ワークショップ、学習支援、夜の児童館、子ども食堂、さまざまなスタイルでの居場所づくりにこれまで関わってきました。

居場所づくりの醍醐味は、人と人が出会う瞬間に立ち会えることです。こちらが仕組んだわけでもないのに、あるとき、あるタイミングで、この人とあの人が出会ってそこで化学反応をするように話がはずむ瞬間があります。偶然なのか必然なのか……。それはWAKUWAKUする瞬間で、そこに立ち会えるのは私にとって、このうえないヨロコビです。

子ども食堂でもたくさんの出会いがありました。あまりに人が多くて目が回りそうになることもありますが、人が集まるということはこんなに活気に満ち溢れるものなのだということを体感しました。人間は語り合うことを欲している動物で、居場所を必要としているのだなあとつくづく思います。料理をつくるボランティアスタッフにとっても子ども食堂は居場所です。支援する側とされる側に分かれることなく、居場所はそこに集うすべての人がカタチづくるものだと思います。

そういえば、栗林さんが私を訪ねてきたのも「みんなのえんがわ池袋」という地域サロンでした。多くの人と出会い、時にはしんどいこともありますが、WAKUWAKUすることのほうが大きいので、まだしばらくはこの活動に邁進していきたいと思っています。

この本を読んで、心を動かされた方は、ぜひお近くの子ども食堂に足を運んでみてください。そして、子どもと出会ってください。同じ思いを持つ仲間と出会ってください。そこから何かが生まれると思います。

最後に未熟な私どもに、適切な指針を与えて、出版まで迅速に導いてくださった明石書店の深澤孝之さんに心より御礼申し上げます。

すべての出会いに感謝をこめて——

NPO法人 豊島子どもWAKUWAKUネットワーク事務局長　天野 敬子

◎編著者紹介

NPO法人 豊島子どもWAKUWAKUネットワーク

「子どもの貧困」をテーマに、地域の子どもを地域で見守り育てることをコンセプトとして活動している地域住民主体のNPO。2012年6月設立、2013年8月NPO法人格取得。遊びサポート（プレーパーク）、学びサポート（無料学習支援）、暮らしサポート（子ども食堂、夜の児童館）の3本柱で子どもを包括的に支援している。さまざまなカタチの居場所を地域に点在させ、有機的なネットワークをつくり、子どもと家庭を伴走的に支援することにより、貧困の連鎖を断つことを目指している。

◎執筆者（*印は編集委員。肩書は2016年7月現在のものです）

栗林知絵子（WAKUWAKU理事長）*

天野　敬子（WAKUWAKU事務局長）*

山本　道子（WAKUWAKU理事）

西郷　泰之（WAKUWAKU理事）*

荒砥　悦子（WAKUWAKU理事）

山田　和夫（WAKUWAKU理事）

松宮　徹郎（WAKUWAKU理事）*

石平　晃子（WAKUWAKU理事）

◎お問い合わせ先

http://toshimawakuwaku.com/

https://www.facebook.com/toshimakodomowakuwaku/

@toshimawakuwaku

info@toshimawakuwaku.com

子ども食堂をつくろう！
――人がつながる地域の居場所づくり

2016年 8 月25日　初版第 1 刷発行
2022年 2 月25日　初版第 8 刷発行

編著者　NPO法人 豊島子どもWAKUWAKUネットワーク
発行者　石　井　昭　男
発行所　株式会社　明石書店

〒101-0021　東京都千代田区外神田 6-9-5
電　話　03（5818）1171
FAX　03（5818）1174
振　替　00100-7-24505
http://www.akashi.co.jp

装丁　清水　肇
装画　後藤美月
印刷・製本　モリモト印刷株式会社

（定価はカバーに表示してあります）　ISBN978-4-7503-4386-0

◎A5判／並製／◎各巻 2,500円

① 生まれ、育つ基盤
子どもの貧困と家族・社会
松本伊智朗・湯澤直美［編著］

② 遊び・育ち・経験 子どもの世界を守る
小西祐馬・川田学［編著］

③ 教える・学ぶ 教育に何ができるか
佐々木宏・鳥山まどか［編著］

④ 大人になる・社会をつくる
若者の貧困と学校・労働・家族
杉田真衣・谷口由希子［編著］

⑤ 支える・つながる
地域・自治体・国の役割と社会保障
山野良一・湯澤直美［編著］

〈価格は本体価格です〉